AF459672

FACULTÉ DE DROIT DE PARIS.

THÈSE

POUR LE DOCTORAT.

L'ACTE PUBLIC SUR LES MATIÈRES CI-APRÈS SERA SOUTENU

le mercredi 2 février 1859, à 1 heure,

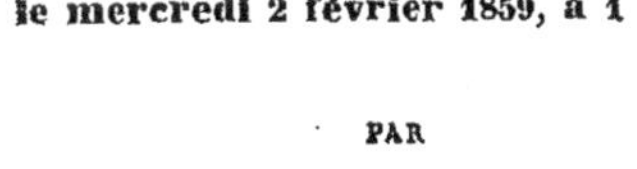

PAR

ALBERT D'ANDRÉ,

AVOCAT,

né à Paris (Seine).

PRÉSIDENT : M. OUDOT, *professeur*.

Suffragants : MM. PELLAT, doyen, VALETTE, BONNIER, *professeurs*. RATAUD, *suppléant*.

Le candidat répondra en outre aux questions qui lui seront faites sur les autres matières de l'enseignement.

PARIS

IMPRIMÉ PAR E. THUNOT ET Ce,

RUE RACINE, 26, PRÈS DE L'ODÉON.

1859

À MES PARENTS.

DROIT ROMAIN.

DE L'ACTION *FAMILIÆ ERCISCUNDÆ.*

SOMMAIRE.

1° Définition; comparaison entre notre action et la pétition d'hérédité. — 2° Origine de notre action.— 3° Pourquoi elle est appelée mixte.— 4° Notre fragment 1, § 1 résout-il la question élevée à propos du § 2 des Inst., 4, 20? — 5° A qui est donnée notre action. — 6° Était-elle considérée comme une action de bonne foi du temps des jurisconsultes? — 7° Prescription contre notre action.— 8° Comparaison avec l'action *communi dividundo.*— 9° Cas dans lesquels notre action est donnée. — 10° De la convention de rester dans l'indivision. — 11° Du partage à l'amiable. — 12° Quelles choses entrent dans notre action.— 13° Dettes et créances.— 14° Fragment 25, § 8. — 15° Rapports. — 16° Prélévements. — 17° Droits résultant de l'indivision.— 18° Prestations.— 19° Pouvoirs du juge.— 20° Partage.— 21° Adjudication. — 22° Caractère du partage.— 23° Éviction. — 24° Nullité ou rescision du partage.— 25° Appendice.

1. Que veulent dire ces mots *familiœ erciscundœ?* *Erciscere* vient probablement de *erctum* et *ciere:* on entend par *erctum* un bien indivisé, et par *erctum citum* un bien divisé. Quant au mot *familiœ*, comprend-il plusieurs *familiœ?* Oui, selon nous ; de même que dans le titre précédent *finium* comprend des *trifinium* et des *quadrifi-*

nium. Nous ne nous appuierons pas pour le décider sur la loi 8 au Code (h. tit.); nous croyons que les auteurs l'invoquent à tort, car cette loi ne parle pas de plusieurs hérédités, mais de plusieurs objets d'une même hérédité. Nous citerons notre fr. 25, § 3, et nous déciderons que si plusieurs hérédités sont dans l'indivision entre les mêmes personnes, elles peuvent en sortir par une seule action, et n'avoir recours qu'à un seul juge, lors même que nous aurons deux personnes pour une hérédité et trois pour l'autre. Au reste, ces personnes peuvent intenter plusieurs actions si elles le préfèrent. Notre fr. 25, § 3, est analogue au fr. 52, § 14 (*Pro socio*), d'après lequel des associés n'ont pas besoin de recourir à plusieurs actions si plusieurs sociétés existent entre eux. Nous croyons aussi que le mot *familia* est plus large que le mot *hereditas :* en effet, des biens qui n'ont jamais appartenu au défunt peuvent entrer dans notre action : par exemple une chose dont l'usucapion commencée par le *de cujus* a été achevée par ses héritiers (fr. 9) ou un objet acheté par le défunt et livré à ses héritiers font partie de notre action, cependant ce ne sont pas des objets héréditaires, et ils n'entreraient pas dans une *petitio hereditatis* (fr. 19, § 1, *De her. pet.*). Aussi lorsque nous lisons (fr. 25, § 19, *De her. pet.*) que le sénatus-consulte d'Adrien, qui a été fait pour la *petitio hereditatis*, s'applique à notre action et que tout ce qui peut être demandé par la *petitio hereditatis* peut être partagé, nous devons d'abord remarquer que l'inverse de cette proposition serait faux comme nous venons de le voir; et même nous pouvons ajouter que ce principe n'est vrai que relativement aux choses dont parle le sénatus-consulte, c'est-à-dire relativement aux fruits ou aux accroissements des choses héréditaires ou au prix retiré de leur vente. Quant aux autres objets dont s'occupe la *petitio hereditatis*, ils n'entrent pas tous dans notre action : en effet, cette dernière ne s'occupe pas des créances (fr. 51, § 1) et de l'argent qu'un *statuliber* donne de son pécule à un des héritiers pour accomplir la condition mise à son affranchissement, puisque le défunt a voulu que lui seul en profitât (fr. 20, § 9). Continuons la comparaison entre ces deux actions : elles se ressemblent en ce que ni l'une ni l'autre ne sont données contre celui qui possède quelque objet héréditaire *pro emptore*, *pro donato* ou *pro dote* : la *petitio hereditatis* est refusée parce que celui qui possède à de tels titres ne prétend pas à l'hérédité, à la qualité d'héritier ; et notre action parce que la prétention de ce possesseur est de sa part la négation de toute communauté quant à ces objets (fr. 45, pp.) : aussi, dans ce cas, il n'y aura partage qu'après que l'héritier aura triomphé dans la revendication de la partie indivise qu'il prétend avoir dans cette chose (fr. 76, § 1, *De rei vindic.*). Ces deux actions diffèrent en ce que la *petitio hereditatis* peut être exercée plusieurs fois, à la différence de notre action. En effet, dans la *petitio hereditatis*, le défendeur ne peut être condamné à restituer plus qu'il ne possède, tandis que, dans notre action, le débat porte sur tous les objets héréditaires en quelque mains qu'ils soient. De plus, pour qu'on puisse intenter la pétition d'hérédité, il est nécessaire que le défendeur possède un corps certain ou un droit, et même il ne suffit pas qu'il possède, il faut qu'il possède *pro herede* ou *pro possessore ;* tandis qu'un partage peut être fait entre des personnes qui ne possèdent rien de l'hérédité : en effet, il peut avoir lieu sans tradition (fr. 1, § 1 et fr. 25,

§ 2, h. tit.; fr. 30, *Com. div.*). Dans la *petitio hereditatis*, le défendeur dispute l'hérédité au demandeur; au contraire, notre action ne peut avoir lieu qu'entre personnes avouant et reconnaissant mutuellement leur qualité d'héritier (fr. 1, § 1, *Si pars hered. pet.*). Ceci posé, et le sens *de familiæ* et *de erciscundæ* expliqué, comment entendrons-nous ces deux mots réunis? Nous définirons ainsi l'action *familiæ erciscundæ :* une action personnelle donnée aux cohéritiers pour sortir d'indivision.

II. Notre action est fort ancienne, sa création est antérieure à la loi des Douze Tables (fr. 1, pp). Comme les affaires dont elle s'occupait exigeaient une certaine appréciation, la formule du *sacramentum* lui était inapplicable et il fallait recourir à la *judicis postulatio.* Le feuillet où Gaïus parlait de cette procédure est perdu; le formulaire nous en est inconnu. M. Ortolan (*Hist. de la législ. rom.*) conjecture que c'est la table V qui parlait de notre action; il place dans cette même table le principe que les créances et les dettes héréditaires se divisent de plein droit entre les héritiers. De plus, de ces dispositions des Douze Tables il tire la conséquence que l'action *per judicis postulationem* existait antérieurement à ces tables (*Explicat. hist. des Inst.*, t. II, p. 434, 5e édit.).

Sous le système formulaire notre action et les actions *finium regundorum* et *communi dividundo* furent les seules qui eussent la partie appelée *adjudicatio* (Gai. IV, § 42). Un fragment de Paul (fr. 44) semble même établir que l'*adjudicatio* pouvait quelquefois ne pas se rencontrer dans la formule de notre action : c'était sans doute lorsque la valeur des lots se balançait parfaitement et qu'il n'y avait point de prestations. Gaïus nous a conservé la formule qui conférait au juge le pouvoir d'adjuger : *quantum adjudicari oportebit judex Titio adjudicato* (Gai. IV, § 42). De cette formule nous conclurons que les adjudications et les condamnations devaient être aussi nombreuses que les parties au procès, et que chaque condamnation contenait, avec le nom de celui qui l'avait demandée, celui de tous les autres qui pouvaient subir des condamnations : en effet, s'il en avait été autrement, le juriscousulte eût mis *Titio vel Seio*, ou bien *cui eorum visum fuerit.*

III. Après ces quelques mots sur l'origine de notre action, revenons à son nom : nous la voyons qualifiée d'action mixte aux Institutes (§ 20, 4, 6), qui s'expriment ainsi : « Quædam actiones mixtam causam habere videntur tam in rem quam in personam. Qualis est familiæ erciscundæ actio, communi dividundo, finium regundorum. In quibus tribus judiciis permittitur judici, rem alicui ex litigatoribus ex bono et æquo adjudicare, et si unius pars prægravari videbitur, eum invicem certa pecunia alteri condemnare. »

En quel sens les actions divisoires sont-elles mixtes ?

Il était admis autrefois en France par la généralité des auteurs (Doneau, *De judiciis divisoriis*, ch. 12, n° 20; Cujas, ad fr. 1, *Fin. reg.*) que ces actions étaient mixtes parce qu'elles étaient à la fois réelles et personnelles. On invoque, disaient ces auteurs, en même temps un droit de créance et un droit de propriété. En effet, à l'époque de la composition des Institutes de Justinien, le système formulaire a disparu complétement, et les rédacteurs des Institutes ne se préoccupent plus de la conception de la formule, ni de l'impossibilité matérielle d'écrire l'*intentio* à la fois *in rem* et *in personam*; ils ne font plus attention qu'à la nature des droits sur lesquels se fonde le demandeur ; et ces droits étant, d'une part, un droit réel d'hérédité, de copropriété ou de propriété voisine, reconnu ou non contesté par la partie adverse, et, d'autre part, un droit personnel au partage résultant du fait de la communauté ou du voisinage ; la prétention est basée à la fois tant sur un droit réel que sur un droit personnel. Cette idée est suggérée par ce fragment de Paul : *finium regundorum actio in personam est, licet pro vindicatione rei est* (fr. 1, *fin. regund.*, *Dig.*) (M. Ortolan, t. II, p. 555).

Cette première explication a eu de l'influence sur la rédaction de notre art. 59 proc. (M. Colmet-Daage, p. 108 et suiv.).

C'était l'avis de Pothier, qui s'exprime ainsi :

Ces trois actions participent de la nature de l'action réelle ou de la revendication, en ce que le voisin réclame et revendique en quelque façon, par cette action, la partie limitrophe de son héritage, qui doit être fixée et déterminée par le bornage ; le cohéritier ou copropriétaire réclame la portion qui lui appartient dans la succession, ou la chose commune qui doit être déterminée par le partage. Elles participent de la nature des actions personnelles, en ce qu'elles naissent d'un engagement personnel ; l'action de bornage naît de l'engagement respectif que le voisinage forme *quasi ex contractu* entre les voisins, qui oblige chacun d'eux à borner leurs héritages, lorsque l'un d'eux le requiert : les actions de partage naissent de l'engagement que la communauté ou l'indivision forme entre les cohéritiers ou copropriétaires, qui oblige chacun d'eux à partager la succession, ou autre chose qui leur est commune, lorsque l'un d'eux le requiert (*Introduct. générale aux coutumes*, § 121).

Nous n'admettrons pas ce système, malgré les graves autorités que nous avons citées.

Si l'individu qui intente l'action *finium regundorum* n'est pas sûrement propriétaire, si sa propriété est contestée, on lui permet de la prouver d'abord : voici en quel sens cette action est *pro vindicatione rei* (fr. 1, *Fin. reg.*).

Quant à l'action *familiæ erciscundæ*, voici le cas qu'il faut supposer pour que nous ayons en jeu et un droit réel et un droit personnel : Primus attaque Secundus en partage de succession : deux cas sont à distinguer : Primus, le demandeur, est en possession, ou non. S'il ne possède pas, Secundus en niant qu'il ait un héritier le renverra à la *petitio hereditatis* (fr. 1, § 1, *Famil. ercisc.*, *Dig.*), par cette exception : *si in ea re de qua agitur præjudicium hereditati non fiat;* s'il possède, Gaïus lui permet de prouver qu'il est héritier, l'action sera dans ce dernier cas *tam in rem quam in personam.*

Les Institutes présentent comme un caractère général pour nos trois actions le fait qu'elles sont *tam in rem quam in personam ;* or ce n'est que dans des cas extraordinaires qu'on procède ainsi et qu'un droit réel est débattu devant le juge.

Selon quelques auteurs, ces actions sont mixtes ou doubles en ce sens que chacune des parties y est à la fois demanderesse et défenderesse, et de ces actions il y en a *tant parmi les actions réelles que parmi les actions personnelles.* Ils argumentent des §§ 2 et 31 des Institutes (4, 6) ainsi que du pr. du titre 12 du livre 4 : dans ces passages ces mots *tam in rem quam in personam* ont le sens qu'ils veulent leur donner ici. Ils s'appuient sur les fr. 37, § 1, *De oblig. et actionibus;* fr. 2, § 1, *Communi dividundo;* fr. 13 et 14, *De judiciis.*

Quand notre action, par exemple, n'est pas intentée par un seul cohéritier, mais que tous les autres, au lieu de se borner au rôle de défendeurs, font valoir, eux aussi, leur droit au partage, il y autant d'actions intentées que de parties au procès; le même juge examine les prétentions différentes et opposées des parties : pour une affaire un cohéritier est demandeur, pour une autre affaire le même est défendeur. Aussi des textes nombreux disent que les parties jouent à la fois le rôle de demandeur et celui de défendeur (fr. 2, § 3, et fr. 44, § 4, h. tit., *Fin. reg.* fr. 14).

Cette nature spéciale des actions divisoires était importante quant à l'issue du procès. Tandis qu'en règle ordinaire, il n'y avait lieu à condamnation que contre le défendeur, et s'il gagnait son procès à absolution; la condamnation ou l'absolution dans nos actions pouvait avoir lieu tant à l'égard d'une partie qu'à l'égard de l'autre; bien plus, la même partie pouvait gagner sur un chef, perdre sur un autre.

La portée pratique de ce caractère était que le *jusjurandum calumniæ* était prêté par chacune des parties en qualité de demandeur d'abord, de défendeur ensuite (fr. 44, § 4). Il en était de même des cautions exigées de ceux qui plaidaient au nom d'autrui comme *procuratores.* Ulpien, dans le fragm. 14, *De judic.*, nous dit que si deux personnes ont intenté à la fois notre action, on tirera au sort qui sera demandeur; selon Gaïus, c'est celui qui s'est adressé le premier au juge qui est le demandeur (fr. 13, *De judic.*). C'était sans doute afin de déterminer l'ordre des plaidoiries et l'ordre dans lequel les témoins seront entendus que cette question devait être décidée. Par suite de ce caractère de nos actions, Ulpien comprend sous la même dénomination d'actions mixtes les actions divisoires et les interdits *uti possidetis* (fr. 37, § 1, *De obl. et act.*).

Nous croyons cette assimilation inexacte : car dans les actions divisoires il y a plusieurs demandes liées étroitement ensemble, mais distinctes par leur objet ; tandis que dans le cas des interdits il n'y a qu'un objet unique que les parties se disputent.

De plus, il n'y a que ces trois actions dans lesquelles chacune des parties soit demanderesse, c'est-à-dire dans lesquelles le demandeur puisse non-seulement être débouté, mais encore être condamné. Or ces trois actions sont personnelles (loi 1, § 1, *De annali exceptione*, Code), et aucune action *in rem* ne présente de l'analogie avec elles. Les mots *tam in rem* seraient donc inexacts.

M. de Savigny (*Système*, etc., t. V, p. 97 de la traduc.) veut expliquer le texte par la rédaction de la formule dans nos trois actions : l'*intentio* était conçue *in personam*, et l'*adjudicatio in rem*.

Nous repoussons ce système. Pour déterminer la nature d'une action, on s'attache toujours à l'*intentio* : la preuve, c'est que dans les actions *in rem* la *condemnatio* est toujours *in personam*.

MM. Walter (*Procéd des Rom.*, ch. 3, p. 35, traduct. de M. Laboulaye), Ducaurroy (t. II, n° 1238) et Étienne (t. II, p. 543) disent que *causa* veut dire objet. Tel est le sens de ce mot dans le § 2 du titre 16, liv. 2, des Institutes. Il y a certaines actions qui ont un double objet, un double but : un but qui s'obtiendra *in per-*

sonam par une condamnation, un but qui s'obtiendra *in rem* par une adjudication. Le juge, dans ces actions, reçoit comme un double pouvoir, pouvoir tant sur les choses que sur les *personam* (*tam in rem quam in personam*). Il y a à la fois attribution de la propriété des choses, en tout ou en partie, et prestation de la part des personnes (fr. 22, § 4, Ulp., *Famil. ercisc.*; fr. 4, § 3, Ulp. *comm. divid.*).

D'après eux, ces actions, quoique étant réelles quant au fond, contiennent cependant des accessoires qui sont personnels de leur nature. Ces actions renferment en elles une sorte de revendication, puisqu'elles tendent à faire déterminer la propriété de chaque voisin, ou la part divise de chaque copropriétaire. Elles sont en même temps personnelles, en ce qu'elles sont accompagnées de conclusions personnelles pour restitutions de fruits, d'impenses, pour indemnités, etc. (Vinnius, t. II, p. 903). Dans cette opinion, on multiplie les actions mixtes, et aux trois ci-dessus on ajoute entre autres la *petitio hereditatis*.

C'est inadmissible, parce que si les conclusions personnelles pouvaient altérer la réalité des conclusions principales, il n'y aurait plus d'actions réelles. En effet, lorsque je revendique un immeuble, je joins toujours à cette demande des conclusions tendant à ce que le défendeur me restitue les fruits (M. Colmet-Daage, t. I, p. 103 et suiv.). Enfin, il se peut qu'il n'y ait aucune conclusion accessoire; dans ce cas, ces actions ne seraient donc plus mixtes.

Peut-être peut-on encore objecter que ce n'est pas là le sens ordinaire du mot *causa*. Selon nous, certainement dans ces trois actions c'est une question d'obligation qui est soulevée, mais de l'adjudication résulte un effet analogue à celui produit dans les actions *in rem* par le *jussus*.

Sans doute les deux cas sont distincts. Quand je revendique, le juge commence par ordonner au défendeur de me restituer, et s'il refuse, je recours à la *manus militaris;* par l'*adjudicatio* le juge m'attribue tel objet divis. Dans la revendication le juge n'a fait que reconnaître une propriété préexistante; par l'adjudication, au contraire, il a créé une propriété qui n'existait pas auparavant.

Mais cette distinction du théoricien échappe aux praticiens. Au point de vue pratique ces deux cas se ressemblent : en sortant de l'audience, chacun dira je suis propriétaire.

Cette explication est probable; essayons de la démontrer.

Nous ne trouvons ces expressions (*mixtam causam, tam in rem quam in personam*) qu'aux Institutes : il est naturel que les praticiens qui les ont rédigés n'aient pas distingué entre la déclaration et l'attribution.

Nous ajouterons que le mot *adjudicatio* est quelquefois employé pour exprimer la déclaration et non l'attribution de propriété. En voici un exemple : « Creditor hypothecam sibi per sententiam adjudicatam quemadmodum habiturus sit, quæritur : nam dominium ejus vindicare non potest. Sed hypothecaria agere potest : et si exceptio objicietur a possessore rei judicatæ, replicet, si secundum me judicatum non est. » (Fr. 16, § 5, Marcianus, *De pignorib.*, Dig.)

Voici l'espèce : J'intente contre Titius, possesseur du fonds Cornélien, une action pour prouver que j'ai hypothèque sur ce fonds : j'en convaincs le juge. Mais Titius parvient à persuader au juge qu'il ne possède pas ; et le juge, tout en reconnaissant que j'ai hypothèque sur le fonds cornélien, absout Titius. Plus tard je découvre que Titius possède, et j'intente l'action hypothécaire contre lui. Titius invoque le jugement. Je réponds : Ce jugement reconnaît mon hypothèque, il y a eu absolution par erreur. *Adjudicatam* ici ne veut pas dire attribution d'hypothèque, mais reconnaissance d'une hypothèque préexistante : on ne dira pas que l'hypothèque lui a été adjugée par la première sentence.

Nous pouvons encore citer le fr. 12, pp., *Qui potiores*. Cette explication est d'accord avec le texte. Dans les actions divisoires le juge peut adjuger à l'un ou à l'autre (§ 20, in fine, Institutes). Mais y a-t-il d'autres actions mixtes ? La loi 9, au Code (*De hered. petit.*), porte que la *petitio hereditatis* est une action *mixta personalis;* elle en conclut que c'est la prescription de trente ans et non celle de vingt ans qui lui est applicable. Voici en quel sens Coccéius (*De hered. petit.*, quest. 2) entend ces expressions : Cette action est, il est vrai, réelle, dit-il, mais le défendeur peut être condamné à payer des sommes, des prestations personnelles entrent dans cette action, donc cette action est aussi personnelle. Il s'appuie sur le fr. 25, § 18, *De hered. petit.* Nous avons déjà répondu que dans la revendication elle-même il est prononcé des condamnations contre le défendeur pour les dégradations qu'il a faites ou les fruits qu'il a perçus de mauvaise foi, et cependant nul ne s'est jamais avisé de dire que la revendication fût une action à la fois réelle et personnelle. Quant à nous, nous invoquons le fr. 13, § 15, *De hered. petit.*, d'après lequel on peut intenter la *petitio hereditatis* contre un débiteur héréditaire comme étant *possessor juris*, c'est-à-dire comme se prétendant héritier; ce débiteur ne conteste pas la dette, mais il met en doute la qualité d'héritier de celui qui l'attaque. Si l'on a appelé la *petitio hereditatis* une action mixte, c'est, selon nous, parce que celui qui intente la *petitio hereditatis* pourrait tendre à faire condamner le défendeur comme un créancier arrive à faire condamner son débiteur; c'est ici l'équivalent d'une action *in personam* ordinaire, et on doit procéder par la *petitio hereditatis*, parce que c'est la qualité d'héritier qui est discutée; il n'y a, en réalité, de véritable question que la question d'hérédité.

IV. Dans la précédente discussion nous avons dit quelques mots de notre fr. 1, § 1; nous croyons devoir y revenir parce que plusieurs auteurs prétendent y trouver la solution d'une question non moins intéressante et non moins débattue que celle que nous avons essayé de résoudre: nous voulons parler de la discussion qui s'élève à propos du § 2, in fine, des Institutes (4, 6).

Il est ainsi conçu : « ...Contra quoque de usufructu et de servitutibus prædiorum rusticorum, item prædiorum urbanorum, invicem quoque proditæ sunt actiones; ut si quis intendat jus non esse adversario utendi fruendi, eundi agendi, aquamve ducendi, item altius tollendi, prospiciendi, projiciendi, immittendi. Istæ quoque actiones in rem sunt, sed negativæ. Quod genus actionis in controversiis rerum corporalium proditum non est, nam in his agit qui non possidet, non est actio prodita per quam, negat rem actoris esse. Sane uno casu, qui possidet nihilominus actoris partes obtinet, sicut in latioribus Digestorum libris opportunius apparebit. »

De là grande controverse. Quel est ce cas unique?

Quelques auteurs croient le trouver dans notre fragment 1, § 1. D'après ce texte, celui qui n'est pas en possession des biens héréditaires peut intenter l'action *familiæ erciscundæ*, mais il pourra être repoussé par une exception (déjà vu). Si le demandeur est en possession, il ne sera pas renvoyé à la *petitio hereditatis*, bien que son adversaire ne veuille pas le reconnaître pour héritier : le juge saisi de la première affaire, de la demande en partage, connaîtra de l'affaire plus importante, de la pétition d'hérédité. Gaïus décide ainsi, parce que le demandeur est en possession, et comme tel ne peut intenter la *petitio hereditatis*. C'est donc un cas où le possesseur doit prouver, doit *actoris partes obtinere*. Ce système est sérieux. Peut-être peut-on objecter que c'est un cas exceptionnel auquel les Institutes ne pouvaient penser. De plus, dans ce système, *actoris partes obtinet* voudrait dire faire la preuve ; or il n'y a pas d'exemple du mot *obtinet* indiquant un désavantage. Pour désigner cette charge, faire la preuve, les rédacteurs auraient mis *sustinet*, et non *obtinet*. Nous ferons aussi cette dernière objection à l'explication de M. Ducaurroy. D'après lui, les rédacteurs pensaient à l'*exceptio justi dominii*. Une chose a été vendue *a non domino* à Titius. Titius vient la réclamer du propriétaire par l'action publicienne : le propriétaire opposera l'*exceptio justi dominii*, mais il devra prouver qu'il est le véritable propriétaire. Ce système est juste ; comme il s'agit d'une question de propriété, le renvoi n'est pas étonnant (fr. 16 et 17, *De publiciana*). Mais on peut opposer à M. Ducaurroy la paraphrase de Théophile où se trouve la preuve que notre paragraphe parle d'un cas d'action et non d'un cas d'exception. M. Ortolan pense (t. II, p. 532) que notre paragraphe veut parler de l'action négatoire, laquelle peut être intentée par celui qui a la *quasi-possessio* d'une servitude, par celui qui est seulement menacé de l'exercice d'une servitude et qui n'en a jamais souffert.

Mais il semble impossible de prendre *qui possidet* comme se référant à une *quasi-possessio*, car dans la phase précédente (*in his agit qui non possidet*, etc.) il s'agit certainement de la possession réelle. Il serait malheureux que les rédacteurs eussent pris dans le même paragraphe le même mot dans deux sens aussi différents. J'ajoute que Justinien n'avait qu'à renvoyer à ce cas dont il vient de parler à l'instant, il est bizarre qu'il renvoie au Digeste. Selon d'autres commentateurs, il s'agit du cas où un commodant ou un déposant revendique contre le détenteur précaire. Il possède par autrui, il est vrai, et cependant il peut revendiquer. Mais on n'aurait pas dit alors *uno casu*. De plus, ils agiront plutôt par action personnelle, car il leur sera plus facile de prouver le dépôt ou le commodat que la propriété. D'autres disent que notre paragraphe fait allusion à l'interdit *quem fundum*. Titius revendique contre moi, je ne veux pas donner la caution *judicatum solvi* : c'est à moi de revendiquer quoique je sois possesseur. Mais si je le fais, c'est parce que je perds la possession. Les rôles sont intervertis, c'est désormais à moi de revendiquer. Et puis *actoris partes obtinet* ne s'explique pas dans ce système. Quant à nous, nous prendrons à la lettre la fin de notre paragraphe. Il peut arriver une fois ou deux peut-être que le possesseur d'une chose corporelle soit admis à la revendiquer. Vous m'avez prêté des écus, je découvre qu'ils m'appartenaient : je puis attendre que vous intentiez contre moi la *condictio*, et vous dire alors qu'il n'y a pas eu *mutuum;* ou bien, dans la crainte de perdre mes preuves, je puis prendre les devants, revendiquer contre vous. Autre cas : je possède une chose dont je suis propriétaire et je sais qu'un autre a contre moi l'action publicienne : je puis attendre qu'il m'attaque par l'action publicienne ou agir pour prouver que je suis propriétaire. Nous avouons que notre explication n'est pas à l'abri de toute attaque, car si, avec elle, les mots *actoris partes obtinet* s'expliquent bien, les mots *uno casu* sont inexacts.

V. A qui notre action est-elle donnée? Aux héritiers testamentaires ou *ab intestat*, et même quelquefois aux deux en même temps (cela peut arriver à la suite d'une *querela inofficiosi testamenti* (fr. 15, § 2, *De inof. test.*). Peu importe si l'hérédité est déférée par la loi des Douze Tables, ou par un sénatus-consulte (Tertullien, Orphitien), ou par une constitution impériale (par exemple, celle qui permet aux fils de famille d'instituer un héritier pour leur pécule *castrans* (*De her. petit.*, fr. 34 pp. et fr. 2, §2 h. tit.), ou par une loi (Papia, Cornelia, Junia, Velleia, fr. 10, § 2, *De test. tutel.*) : c'est ainsi que les héritiers de celui qui est mort chez l'ennemi viennent malgré la loi des Douze Tables. Dans tous ces cas notre action est civile et directe. Notre fr. 2 porte en effet : *Quorum peti potest hereditas, et dividi potest* (fr. 25, § 19, *De her. petit.*). Mais dans le cas de possession de biens, notre action est prétorienne ou honoraire; dans le cas du sénatus-consulte Trébellien, elle est fidéicommissaire : elle est donnée à ceux auxquels l'hérédité a été restituée; elle est aussi concédée entre celui auquel une partie de l'hérédité a été restituée et l'héritier qui en a retenu une partie, si toutefois cette restitution n'a été faite que verbalement et non en réalité. Ce serait à tort qu'on rangerait ces héritiers fidéicommissaires venant en vertu du sénatus-consulte Trébellien parmi les successeurs honoraires : en effet, notre fr. 24, § 1, les en sépare, et ils sont considérés plutôt comme des héritiers (fr. 70, § 2, *Ad sc. Trebel.*). Qui notre fr. 24, § 1 a-t-il en vue lorsqu'il parle de successeurs honoraires? Il veut parler de ceux auxquels les biens ont été *libertatum conservandarum causa addicta*, ils sont assimilés à des posseseurs de biens et ils ont notre action (fr. 4, § 21 et ult., *De fideic. libert.*); Théophile nous dit qu'il en est de même du *bonorum emptor*. Il faut encore citer celui qui *omissa causa testamenti* possède l'hérédité *ab intestat* (fr. 18 pp., *Si quis omis.*), l'héritier institué auquel le préteur fait remise de la condition d'un serment (fr. 1, § 3, *ad leg. Falc.*). Quant à l'adrogé dans les cas où il avait droit au quart des biens de l'adrogeant, il obtient cette quarte antonine par une action *familiæ erciscundæ* utile et non directe, car il est étonnant que, n'ayant pas été institué, il arrive avec l'héritier institué (fr. 2, § 1).

Un seul peut agir en partage même à l'insu de ses cohéritiers ou malgré leur opposition. C'est d'ailleurs un principe général que les actions sont données *in invitos*, et on n'a pas fait exception ici. Pour le prouver on peut, invoquer le fr. 29, § 1 : Cujas (ed. Fabrot, t. IV, pars prior, p. 510) le lit ainsi : *Sed etiam si unus ex sociis invitus erit recte agi.* Les mots *mutus erit* que porte l'édition florentine sont des altérations de copistes.

Les mineurs, les prodigues, les fous, de même que leurs tuteurs ou leurs curateurs, ne peuvent demander le partage d'une hérédité immobilière sans autorisation. Mais leurs tuteurs ou curateurs peuvent, sans autorisation, demander le partage de l'hérédité lorsqu'elle ne comprend que des meubles, et qu'il s'agisse de meubles ou d'immeubles, ils peuvent y procéder lorsqu'il est provoqué soit par un cohéritier majeur, soit par un cohéritier mineur dûment autorisé (fr. 17, *De præd. minor.*; fr. 1, § 2, et fr. 7 pp., *De reb. eor. qui sub tut.*) : il est inutile d'exiger dans ce cas une autorisation, puisqu'elle ne pourrait être refusée (*lex ultima cod. com. div.*). Le fr. 20, *De auct. et con. tut.*, semble dire qu'un partage peut être provoqué par des tuteurs non autorisés ; c'est que Scévola écrivait avant la constitution de Sévère qui a établi cette règle.

Les fr. 22 et 38 semblent inconciliables : celui qui n'a que sa part n'est pas évidemment soumis à notre action (fr. 38), et cependant le fr. 22, dans le cas qu'il prévoit, dit que celui qui n'a que sa part y est soumis. C'est que, quoique le cohéritier qui partage avec un étranger le trésor découvert par le défunt n'ait eu que sa part, comme il a par là privé de la sienne son cohéritier, notre action doit s'appliquer au trésor tout entier. Relativement à ce fr. 38, nous ferons remarquer que certains auteurs supposent à tort que le partage des revenus a eu lieu du vivant du père ; en effet, les mots du texte *pro hereditaria portione* les réfutent complétement.

Peu importe pour exercer notre action si les héritiers possèdent ou non. Cependant comme il faut avant tout être propriétaire d'une chose pour en demander le partage, il semblerait, à première vue, nécessaire qu'ils aient pris possession des choses héréditaires pour en être propriétaires : ce n'est pas exact, car dès qu'ils ont fait adition tous les droits du défunt passent sur leur tête, quand bien même ils ne seraient pas en possession de l'hérédité (*De acq. poss.*, fr. 23 pp.). Notre action n'est pas donnée aux héritiers venant en vertu de la constitution de Théodose et Valens (L. 3, Cod. *Quando et quib.*). Voici le cas auquel nous faisons allusion : lorsque les enfants d'un curial ne succédaient pas à l'obligation de leur père de répondre des impôts, d'après les empereurs Théodose et Valens la curie avait droit au quart de la succession : ces empereurs ajoutèrent que l'héritier composerait quatre lots et qu'on tirerait au sort pour savoir à qui appartiendrait le choix ; les immeubles devaient être estimés en présence de la curie, et quant aux meubles, on s'en rapportait au serment de l'héritier.

VI. Notre action était-elle de bonne foi avant la constitution de Gordien (L. 9, Code)? Où sont les raisons de douter? C'est qu'elle ne figure ni dans l'énumération de Cicéron (*De off.*, 3, 15), ni dans celle de Gaïus (4, § 62). Quant à ce dernier, ce n'est pas étonnant : il exigeait, contrairement à l'opinion commune, l'exception *rei judicatæ* dans la *petitio hereditatis;* or il y avait analogie entre elle et notre action quant aux règles relatives aux impenses, aux fruits, etc. D'un autre côté, Ulpien semble opposer notre action à une action de bonne foi (fr. 4, § 2, *Com. div.*), et Julien se demande si dans un partage d'hérédité le juge peut compenser les obligations réciproques des parties (fr. 52, § 2). Nous croyons, quant à nous, que notre action a toujours été considérée comme une action de bonne foi : d'abord ces deux listes dont nous venons de parler sont incomplètes, par exemple, l'action *communi dividundo* n'y est pas mentionnée, et c'était bien certainement une action de bonne foi (fr. 14, § 1, *Com. div.*). De ce texte nous pouvons conclure que notre action, qui a tant d'analogie avec l'action *communi dividundo*, est aussi de bonne foi. De plus notre action est au simple (fr. 17), à la différence des actions pénales, qui sont *stricti juris;* dans le cas de dépenses faites pour l'hérédité, les intérêts en sont dus à compter du jour où on a mis en demeure ses cohéritiers (fr. 18, § 3), ce qui est un des caractères de l'action de bonne foi; et puis le juge pouvait, dans notre action, tenir compte *ex æquo et bono* des circonstances qui pouvaient modifier la position respective des parties. Il n'y a donc pas de doute possible sur la question de savoir si notre action était, du temps des jurisconsultes, regardée comme une action de bonne foi, surtout si l'on ajoute que ce sont les obligations unilatérales qui engendrent les actions *stricti juris*, et qu'on ne peut rattacher notre action à aucune des trois sources d'où la majorité des auteurs font découler les actions *stricti juris* (*datio, stipulatio, expensum latum*). De ce que notre action était de bonne foi du temps des jurisconsultes, il résulte qu'on n'était pas obligé d'insérer une exception de dol dans notre action, que son omission ne nuisait pas (fr. 18 pp.).

VII. Quand même les cohéritiers resteraient dans l'indivision pendant trente ans et plus, ils ne prescriraient pas contre notre action : en effet, le but de l'usucapion est de mettre fin aux procès (fr. 5 pp., *Pro suo*); or ici, bien loin de les anéantir, elle les perpétuerait en perpétuant l'indivision (fr. 77, § 20, *De leg.* 2°). Mais notre action cesserait si un des cohéritiers avait possédé seul les biens pendant ce temps (L. 1, § 1, Cod., *De ann. excep.*).

VIII. L'action *communi dividundo* est donnée toutes les fois qu'il y a indivision, et notre action dans le cas spécial où les copropriétaires sont des cohéritiers (*Pro soc.*, fr. 34). Celui qui a l'action *familiæ erciscundæ* a l'action *communi dividundo* s'il le préfère, mais celui qui a l'action *communi dividundo* n'a que celle-là. De plus, notre action étant *de universitate* ne peut être intentée qu'une fois : si des objets ont été oubliés on sera forcé de recourir à l'action *communi dividundo* (fr. 4, § 2, *Com. div.*). Par exception notre action peut être exercée une seconde fois, c'est lorsque *causa cognita* on est restitué en entier contre la sentence du juge. Nous venons de dire que lorsqu'on a notre action, on a aussi l'action *communi dividundo;* notre fr. 44 pp. le dit, mais le fr. 4 pp. du titre suivant semble opposé, et ne pas accorder les deux actions à la fois. Pourtant le fr. 4 n'est pas inexact lorsqu'il dit que l'action *communi dividundo* ne s'applique pas aux *res hereditatis :* il est en effet des choses héréditaires dont elle ne peut s'occuper, et qui cependant entrent dans notre action : je veux parler des choses que le défunt a louées, ou qui ont été déposées chez lui, ou qui lui ont été prêtées (fr. 19 pp. et fr. 51, § 1). Le fr. 6, § 11, *Com. div.* dit qu'à quelques exceptions près ces deux actions sont soumises aux mêmes règles. Aussi y a-t-il dans le Code de Justinien un titre qui traite des règles communes à ces deux genres de partage, il a pour inscription : *Communia utriusque judicii tam familiæ erciscundæ quam communi dividundo.*

IX. Notre action sert à faire observer les conventions que les héritiers font entre eux à l'égard de l'hérédité (fr. 3, § 1, et fr. 23, *Com. div.*) ; mais le juge ne forcera pas à l'exécution des conventions que les cohéritiers ont faites par erreur contre les principes du droit (fr. 20). Par notre action, on poursuit aussi l'exécution des obligations imposées par le testateur à ses héritiers (fr. 18, § 2).

X. Les cohéritiers ne peuvent pas s'engager à rester toujours dans l'indivision, un tel pacte serait sans effet (fr. 14, § 2, *Com. div.*). Il est contraire à l'ordre public puisque l'indivision est une source de procès, et les pactes contraires à l'ordre public sont nuls. De plus, pour qu'un pacte soit valable, il faut qu'il intéresse ceux qui l'ont fait : or quel intérêt les cohéritiers peuvent-ils avoir à rester toujours dans l'indivision? ils ont plutôt intérêt à en sortir, car cet état est contraire à la bonne administration des biens. Le testateur ne peut pas non plus ordonner que ses héritiers resteront toujours dans l'indivision. On ne peut opposer le fragment *ultim.*, § 2, *De leg.* 2°, car dans l'hypothèse qu'il prévoit, le testateur n'a pas ordonné de rester dans l'indivision, il a simplement voulu que sa femme et sa fille missent en commun leurs biens propres, mais il n'a pas dit que ces biens devraient rester toujours dans cet état. Le testateur, du reste, peut forcer ses héritiers à rester dans l'indivision pendant un certain temps (fr. 4, *De cond. institut.*), car, bien que cette indivision puisse donner naissance à des procès, ce n'est pas une raison suffisante pour l'empêcher de l'ordonner pendant un certain temps, sans cela il faudrait aussi défendre le contrat de société (fr. 14, § 2, *Com. div.*). Les héritiers peuvent aussi évidemment s'engager à rester dans l'indivision pendant un certain laps de temps, et dans ce cas une exception dilatoire était opposée à celui qui demandait le partage. Certains auteurs trouvent juste cette dernière règle, mais ils ne la comprennent pas quant au testateur ; le jurisconsulte Marcellus y était aussi opposé : en effet, les héritiers du moins se connaissent, ils savent si leurs cohéritiers sont ou non tracassiers. (Renvoi.)

XI. L'indivision cesse ou par un partage à l'amiable ou par un partage judiciaire. Le premier peut avoir lieu lorsque toutes les parties sont majeures de vingt-cinq ans et capables. Il n'est pas nécessaire de faire un acte écrit ; quand il y a eu exécution tout est définitivement terminé (fr. 57, h. tit. et Code, L. 12, h. tit.). Ces partages à l'amiable peuvent se faire sous conditions et n'avoir leur effet que du jour de leur accomplissement (L. 6, Cod., *Com. utr.*). L'indivision cesse encore lorsqu'il n'y a que deux cohéritiers, et que l'un d'eux renonce à sa part (fr. 14, § 4, *Com. div.*).

Dans le cas de partage extrajudiciaire, Doneau (*De jud. divis.*, cap. 5) distingue : si les cohéritiers ont eu l'intention de ne rien laisser indivis, ils n'auront pas plus d'action *Familiæ erciscundæ* qu'ils n'en auraient si le juge avait opéré le partage ; et il en sera autrement s'ils n'ont pas eu cette intention. Mais la loi 1 au Code (h. tit.) nous semble réfuter complétement cette opinion : elle accorde l'action *familiæ ercirscundæ* toutes les fois qu'on n'a pas divisé toute l'hérédité, et elle ne s'occupe nullement de leurs intentions au moment où ils ont fait ce partage à l'amiable.

Quand les parties ne sont pas d'accord ou que l'une

d'elles est incapable, on a recours à notre action. Notre action a deux objets : le partage des choses héréditaires et les prestations entre cohéritiers. Les choses héréditaires entrent dans notre action pour être prélevées ou pour être partagées. Les choses héréditaires se composent des choses laissées par le défunt, et même de choses qui ne lui ont jamais appartenu (déjà vu), et elles se composent aussi des choses rapportées par les cohéritiers. Telle sera notre division : nous examinerons d'abord quelles sont les choses qui entrent dans notre action et quelles sont celles qui n'y entrent pas. Nous dirons quelques mots des rapports et des prélèvements; nous parlerons de l'office du juge dans nos actions et des adjudications, puis nous passerons aux prestations entre cohéritiers. Nous terminerons par l'examen des cas de rescision du partage et par un appendice sur les partages par ascendants en droit romain. Nous aurions pu diviser notre matière en trois chapitres : obligations résultant de l'indivision entre cohéritiers, de l'action *familiæ erciscundæ*, et de l'adjudication; mais ces trois matières rentrent les unes dans les autres.

XII. Examinons donc quelles choses entrent dans notre action. D'abord il faut qu'on soit sûr que les objets font partie de l'hérédité avant de songer à les partager. Ainsi si l'un des cohéritiers prétend que tel objet qu'on veut partager est à lui, on ne procédera pas au partage de cet objet avant d'avoir triomphé dans la revendication d'une partie indivise de cette chose (fr. 25, § 7). Entrent dans notre action les choses qui ont passé du défunt à ses héritiers, et non-seulement celles dont il était propriétaire, mais encore les fonds sur lesquels le défunt n'avait qu'un droit d'emphytéose ou de superficie, bien que ces derniers biens ne fassent pas, à proprement parler, partie de son domaine, puisqu'un autre que lui en a la propriété. De même les choses que le *de cujus* possédait de bonne foi et que ses héritiers n'ont pas encore usucapées (fr. 10), celles que les héritiers ont acquises des deniers de la succession depuis l'adition d'hérédité même après la *litis contestatio* (fr. 16, § 3, fr. 11 et 12), celles que le défunt avait achetées et qui ont été livrées à ses héritiers (fr. 9 pp. et fr. 52). Meubles et immeubles entrent dans notre action. Ainsi y sont compris les animaux même sauvages et non renfermés, tant qu'ils n'ont pas perdu l'habitude de revenir (fr. 8, § 1 et § 2), un fonds dans lequel se trouve un lieu religieux, mais non le lieu religieux (fr. 30). Les droits qu'avait le défunt font aussi partie de notre action, ainsi un droit de gage (fr. 29). Quant aux choses léguées sous condition, tant qu'elle n'était pas accomplie, elles n'étaient à personne suivant les proculiens; mais leur opinion ne fut pas adoptée, et on décida qu'elles appartenaient *pendente conditione* à l'héritier (G. 2, § 20); en conséquence elles entreront dans notre action. A première vue on peut être étonné par ce passage de Gaïus; en effet, le testament est un *actus legitimus*; or, le fr. 77, *De reg. jur.*, nous apprend qu'une condition opposée annulait un *actus legitimus*. Il faut distinguer : sans doute, une condition ne peut être mise dans un testament fait *per æs et libram*, mais à côté de cette mancipation il y avait la *nuncupatio*, et d'ailleurs les testaments écrits furent admis de bonne heure. Quant aux médicaments et aux poisons, il faut séparer ceux qui sont nuisibles de ceux qui sont utiles (fr. 3, *Ad. leg. Corn. de sic.*) : il y en a qui ne sont point dans le commerce, et qui, par suite, ne peuvent être ni licités ni partagés, puisque le partage *vicem emptionis habet* (L. 1, Code, *Com. utr. ju.*), ils seront détruits (fr. 4, § 1) ; mais ceux qui seuls sont dangereux, mais qui mélangés avec d'autres peuvent faire du bien, ils ne sauraient être vendus ou partagés sans précautions. Le juge détruira aussi les mauvais livres, ceux qui traitent de magie et de sortiléges. Les objets provenant d'un crime, d'un sacrilége par exemple, ne seront pas partagés, et le juge veillera à ce qu'ils soient rendus à leurs propriétaires, bien que l'action criminelle contre le coupable ait été éteinte par son décès (fr. 5 pp., *De calumn.*).

La règle que le juge n'a pas à s'occuper des questions qui s'élèvent entre les parties après la *litis contestatio* (fr. 14, § 4, *De aq. et aq. plu.*) reçoit exception relativement au part qui naît après cette époque. Supposons que le testateur ait ordonné qu'on lui élevât un monument : s'il n'a institué qu'un héritier, comme personne n'est intéressé à son érection, personne n'a une action contre lui, mais il sera contraint à l'exécution de cet ordre *extra ordinem* par l'empereur ou par le souverain pontife (fr. 7, *De an. leg.*); si le testateur a plusieurs héritiers, et qu'il ait donné cet ordre à l'un d'eux ou à tous, ils ont contre lui ou les uns contre les autres notre action (fr. 18, § 2). Ce texte ajoute qu'ils ont aussi l'action *præscriptis verbis ;* mais cette action naît à la suite d'un fait ou d'une *datio*, et ici nous n'avons rien de semblable : aussi nous pensons que c'est seulement après le partage de l'hérédité que les cohéritiers auront cette action ; en effet, ce partage est une sorte d'échange, et l'échange donne lieu à l'action *præscriptis verbis* (fr. 77, § 8, *De leg.* 2°). Que décider quant aux fruits des choses héréditaires ? Ceux qui n'ont pas été perçus par la faute du possesseur et ceux perçus après la *litis contestatio* font partie de notre action (*De of. jud.*, § 1, Inst.) ; quant à ceux perçus avant la *litis contestatio*, il faut distinguer : s'ils ont été perçus et consommés de bonne foi, ils ne sont pas rendus ; s'ils ont été perçus de mauvaise foi, ils sont restitués, qu'ils aient été consommés ou non (L. 3, Cod., *De condic. ex leg.*; L. 22, Cod., *De rei vin.*, et fr. 56 h. tit.). Notre action s'applique aux choses dont un étranger a commencé l'usucapion, et si tandis que notre action est pendante cette usucapion s'accomplit, le juge ne peut s'en occuper (fr. 14, § 2) : cette décision peut sembler contraire au principe que c'est seulement avant la *litis contestatio* que les cohéritiers peuvent aliéner leur part, mais ici il s'agit d'une aliénation dont la cause est antérieure à la *litis contestatio*. Pourquoi l'argent donné à un des cohéritiers par un esclave pour remplir la condition mise à son affranchissement n'est-il pas partagé? Il ne peut entrer dans notre action que pour être prélevé ou pour être partagé ; or il ne peut être prélevé par cet héritier puisqu'il l'a, et il ne peut être partagé parce que ce serait contraire à la volonté du défunt (fr. 20, § 9). Lorsqu'un militaire institue deux héritiers, l'un pour son pécule *castrans*, l'autre pour ses autres biens (fr. 17, § 1, *De tes. mil.*), il n'y a pas lieu à notre action, car il n'y a pas indivision, mais deux hérédités en quelque sorte distinctes. Le juge n'a pas à s'occuper des choses qui ne sont pas héréditaires : ainsi il ne peut, en adjugeant un fonds héréditaire, par exemple, constituer une servitude sur ce fonds en faveur d'un fonds appartenant en propre à un des héritiers (fr. 18, *Com. div.*). On ne peut pas demander le partage ou la licitation d'un arbre, qui croît sur la limite de deux terrains, tant qu'il est sur pied (fr. 19 pr., *Com. div.*), ni d'une allée qui forme l'entrée commune de deux maisons adjacentes (fr. 19, § 1, *Com. div.*) : or, dans notre action, il est un principe, c'est que lorsqu'un partage ne peut être effectué commodément, la chose doit être adjugée pour le tout à un des cohéritiers. C'est ce qu'on fera ici ; il y aura lieu à licitation, et les deux maisons et le vestibule seront adjugés à celui qui offrira le prix le plus élevé; quelquefois des étrangers sont admis à cette licitation, c'est lorsqu'un des cohéritiers déclare qu'il est sans argent et qu'il ne peut empêcher son cohéritier d'acheter à vil prix (L. 3, *Com. div.*, *Code*). On ne peut ici exercer l'action *familiæ erciscundæ* malgré l'opposition de son cohéritier ; car il serait inique de forcer quelqu'un à liciter sa maison. De même, dans cette seconde hypothèse : Titius et Mœvius ont succédé à des biens dont le partage est difficile ou même impossible : Titius prévoit qu'une licitation sera nécessaire, mais comme il est moins riche et moins puissant que Mœvius, il en craint le résultat ; alors il vend sa part à Sempronius, homme très-puissant, afin qu'il l'emporte sur Mœvius. Puis, avant que le partage ait été fait, cette part revient à Titius, Sempronius la lui rend. Dans ce cas, en vertu de la loi Licinia, Titius, à cause de sa fraude, ne peut intenter l'action *familiæ erciscundæ* contre le gré de Mœvius. Et même si cette part n'est pas revenue à Titius, Sempronius ne peut pas non plus intenter notre action contre le gré de Mœvius, il en est empêché par l'édit *de alienatione judicii mutandi causa* (fr. 12, *De alie ?. jud. mut.*). Si c'est le défendeur à notre action qui se substitue Sempronius, le demandeur aura contre le défendeur une action *in factum*, afin d'obtenir réparation du préjudice que lui a causé la substitution d'un tel adversaire (fr. 24, § 1, *Com. div.*).

Dans le cas d'assassinat du *de cujus*, ses héritiers ne peuvent pas faire adition ou demander leur envoi en possession avant que les esclaves habitant sous le même toit que le testateur aient été interrogés : et cela en vertu du sénatus-consulte Syllanien. De même dans le cas d'assassinat de la femme ou des enfants du *de cujus*, en un mot des personnes composant sa *familia* (fr. 1, § 15, *De sc. Sil.*). Si les héritiers font adition auparavant, les biens leur sont enlevés par le fisc ; mais si le fisc n'a pas réclamé dans les cinq ans, les biens leur restent (fr. 13, *De sc. Sil.*). Ainsi les cohéritiers ne peuvent pas demander par l'action *familiæ erciscundæ* qu'on informe sur la mort du *de cujus* (fr. 18, § 1). Voët donne un autre sens à notre fr. 18, § 1, car, dit-il, ce fragment parle aussi de la mort de la femme et des enfants du *de cujus*, et nous ne trouvons pas de loi qui impose aux héritiers le devoir de les venger aussi. Selon lui, notre fragment a en vue le cas où le *de cujus*, sa femme ou ses enfants ont été tués *dejectione, vel effusione, vel ab animalibus qua vulgo iter fit habitis*, etc., dans lesquels cas une peine de 50 *aurei* est prononcée (fr. 1, § 5 ; fr. 5, § 5, *De his qui effud.*), ou une action édilitienne *in factum* de 200 *aurei* est donnée (fr. 42, *De ædil. edic.*) ; et Pomponius dit avec raison que le juge du partage de l'hérédité n'a pas à s'occuper de cette action, car elle est populaire et n'est pas donnée aux héritiers, mais à celui qui a le plus d'intérêt ou qui est le plus proche parent du défunt : aussi celui qui intente cette action ne fait pas acte d'héritier. Cette décision est vraie, mais ce n'est pas de ce cas que parle notre fragment, l'auteur qui a écrit ces lignes n'avait pas présent à l'esprit le fr. 1, § 15, *De sc. Sil.*

Notre action n'a pas à s'occuper du droit de patronage (fr. 24, *De jur. patron.*, et fr. 41, h. t.). Supposons que le testateur a laissé un usufruit ou un *usus* à ses héritiers. Quant à l'usufruit, il est divisible, puisqu'il se compose de fruits qui le sont : peut-il être adjugé à un seul des héritiers? Non, puisqu'il est attaché à la personne. Donc, quand un usufruit ne sera pas commodément divisible, il n'entrera dans notre action qu'à l'aide de certaines précautions : par exemple, le juge peut le louer à un des cohéritiers ou à un étranger (fr. 7, § 10, *Com. div.*), et le partage du prix en provenant est facile ; ou le donner à un héritier qui promet de payer tant aux autres et reçoit caution qu'il ne sera pas troublé dans sa jouissance; enfin il peut être décidé que chacun des cohéritiers jouira à son tour pendant un certain espace de temps, et des cautions sont données (fr. 16). Quant à l'*usus*, il est indivisible et ne peut être ni loué ni vendu; en conséquence ces expédients ne peuvent être employés. Si les cohéritiers ne peuvent s'entendre pour user en commun, qu'ils recourent au préteur *extra ordinem* (fr. 10, § 1, *Com. div.*), et l'*usus* sera adjugé à l'un d'eux qui payera tant aux autres : c'est contraire aux règles de l'*usus*, attendu que les cohéritiers qui reçoivent ce prix ont en quelque sorte l'usufruit et non l'usage de cette chose, mais *necessitati succumbendum est*, comme porte le fr. 45, § 4, *De excus.* Entrent aussi dans notre action les servitudes prédiales ou urbaines (fr. 4, *De aq. quotid.*, et fr. 19, § 4, *Com. div.*) attachées aux biens héréditaires : en effet, le juge peut s'occuper du mode d'user des servitudes, et par exemple fixer à chacun des heures ou des jours.

Notre fr. 20, § 7, ne présente pas de difficultés; nous ferons observer seulement que Cujas (éd. Fabr., t. IV, *pars post.*, p. 554) lit *id eum* au lieu de *idem*.

XIII. Les dettes et les créances sont divisées de plein droit entre les cohéritiers proportionnellement à leurs parts héréditaires. La loi des Douze Tables n'a pas pu diviser les corps certains de plein droit, parce que pour eux il faut le jugement et les soins d'un arbitre pour concilier les intérêts opposés et décider s'il vaut mieux partager chaque objet ou l'adjuger à un seul. Cette division de plein droit des créances et des dettes est d'ordre public; elle ne peut, en général, être empêchée ni par les cohéritiers, ni par le juge, ni par le testateur. Primus et Secundus sont cohéritiers, ils conviennent entre eux que Primus aura la créance sur A, et Secundus la créance sur B. Cette convention ne change rien au droit commun : Primus, par exemple, ne peut poursuivre A que pour moitié; mais les cohéritiers peuvent valider cette convention, il suffit pour cela que Secundus, quant à la part de créance qu'il a sur A, constitue Primus *procurator in rem suam*, et que Primus en fasse autant quant à la part de créance qu'il a sur B; alors Primus, par exemple, pourra poursuivre A pour le tout, puisqu'il agit partie en son nom, partie en qualité de *procurator*. Lorsque ces deux cohéritiers partagent entre eux, non des créances, mais des dettes, ils conviennent, par exemple, que Primus payera la somme due à A et Secundus la somme due à B : l'un d'eux pourra payer le tout sans que le créancier puisse s'y opposer; de sorte que si Primus offre le payement de toute la dette, quand même l'argent offert et consigné viendrait à périr, les cohéritiers sont libérés tous les deux, puisque Secundus a pu donner valablement à son cohéritier mandat de payer (L. 23, Cod. h. tit., et fr. 2, § 5, Dig.). Quant au juge, il peut, pour l'utilité des parties, attribuer à un seul des cohéritiers une créance ou le soumettre seul au payement d'une dette (fr. 3) ; il le fait au moyen de délégations ou de cessions et de mandats. Dans le cas ou Primus a donné mandat à Secundus de payer sa part dans telle dette, le créancier peut poursuivre Secundus pour le tout, mais il n'y est pas forcé, car le droit commun lui reste; il peut donc demander à Primus la moitié de la dette, le fr. 29, *De procur.*, le décide, et notre fr. 3 porte : *Libera potestas creditoribus cum singulis experiundi.* Lorsque le juge a adjugé une créance héréditaire à Primus, il fut admis que lors même que ses cohéritiers ne lui auraient pas cédé leur part dans cette créance, Primus aurait une action utile ; car, lorsqu'on peut forcer quelqu'un à céder une action, quand même elle n'aurait pas été cédée, on peut l'exercer utilement. Quant au testateur, s'il a légué par préciput une créance à l'un de ses cohéritiers, le juge veille à ce que sa volonté soit exécutée à l'aide des moyens précédents, et il protége par une exception de dol le débiteur qui aurait payé le tout à cet héritier suivant la volonté du défunt (L. 1, Cod., *De except.*).

Comment concilier le fr. 51, § 1, qui porte que les dettes de l'héritier n'entrent pas dans notre action, avec le fr. 52, § 1, d'après lequel l'esclave héréditaire institué par testament libre et héritier est forcé par notre action de rendre compte de sa gestion ? Nous ferons remarquer que dans cette dernière hypothèse l'esclave détient des objets héréditaires, et que c'est à ce titre qu'il est obligé.

Ce qui n'est pas dû au *de cujus*, mais peut cependant lui être payé, ne fait pas partie de son hérédité. Ainsi, par exemple, le *de cujus* était un *adjectus solutionis gratia* (fr. 53); mais on nous objecte que ce fr. 53 est inexact, puisque si le *de cujus* était créancier, il faudrait décider de même. Nous répondrons qu'une créance peut entrer dans notre action au moyen de certains tempéraments (fr. 3).

Quant aux créances indivisibles, nous en parlerons plus loin.

XIV. Examinons un cas où notre action est refusée. Une hérédité est commune entre Titius et Séius, et Sempronius possède un fonds qui en fait partie. Titius l'attaque par une revendication en prétendant que tout le fonds est héréditaire, Sempronius réplique qu'une partie seulement est héréditaire; le juge déclare que le fonds n'est pas tout entier héréditaire, et que, par conséquent, Titius a revendiqué à tort la moitié de ce fonds (fr. 11, § 3, *De exc. rei judic.*). Puis Séius achète de Sempronius la partie qui a été reconnue lui appartenir, et Sempronius lui livre tout le fonds : il lui livre la moitié qui appartient par droit héréditaire à Séius, et la moitié qu'il a achetée, cette moitié que Titius n'a pu avoir. Si Titius agit contre Séius par l'action *familiæ ercirscundæ*, la part que Séius possède *pro herede* n'entrera pas dans cette action, car du moment que Titius a perdu sa part par suite de la sentence rendue contre lui, l'autre part cesse d'être commune entre Titius et Séius; c'est comme si Titius l'avait aliénée (fr. 54). Quant à l'autre part, comme Séius la possède *pro emptore*, elle n'entrera pas dans notre action (fr. 25, § 8). Un auteur a tort de dire que dans cette espèce subtile, la chose jugée entre Titius et Sempronius profite à Séius contrairement à la règle ordinaire : ce n'est pas parce qu'il y a eu une sentence rendue entre Titius et Sempronius que Séius profite, cette sentence, en effet, ne lui donne pas tout le fonds, mais c'est parce qu'il a acheté la part de Sempronius après la sentence obtenue par ce dernier. Et quant à l'autre part, elle est à Séius par droit héréditaire, et Titius n'y a plus aucun droit depuis qu'il a perdu son procès. Dans le cas de notre fragm. 25, § 8, on peut objecter que pour admettre l'exception *rei judicatæ*, il faut que le second procès ait lieu entre les mêmes personnes, touchant le même objet, et pour la même cause : or ici nous n'avons pas mêmes personnes : le premier jugement a été rendu entre Titius et Sempronius, et notre action est intentée entre Titius et Séius. Nous répondrons, pour défendre la décision de notre fragm. 25, § 8, que les exceptions réelles (et l'exception *rei judicatæ* est telle) qui compètent à un auteur, passent à son successeur (fr. 9, § 2, et fr. 11, § 3, *De except. rei jud.*) ; donc, dans notre hypothèse, l'exception *rei judicatæ* que Sempronius a contre Titius compète à Séius qui est l'ayant cause de Sempronius. On objecte encore qu'il n'y a pas même cause : Titius intente la *petitio hereditatis*, puis il intente notre action. Mais quoique Titius se serve d'une autre action, cependant il agit toujours *ex eadem causa :* en effet, en agissant contre Sempronius, sa prétention était que le fonds était héréditaire ; maintenant en agissant contre Séius, sa prétention est la même. Mais, disent nos adversaires, si un homme a revendiqué un objet et a perdu son procès contre Mævius, puis qu'il le poursuive par l'action *commodati*, il ne sera pas repoussé par l'exception *rei judicatæ*, pourquoi en serait-il autrement ici ?

Titius intente d'abord contre Sempronius une action réelle, maintenant c'est une action personnelle qu'il exerce. C'est tout à fait, dit-on, la même hypothèse. Il n'en est rien : dans le premier cas, en agissant par revendication, on se dit propriétaire, et en agissant par l'action *commodati*, on se dit créancier. Ce n'est donc pas la même *causa*, car de ce qu'on a jugé que je ne suis pas propriétaire, il ne s'ensuit pas que je n'ai pas remis la chose à titre de *commodat*. Au contraire, dans l'hypothèse prévue par notre fragm. 25, § 8, dans les deux actions nous n'invoquez que votre qualité d'héritier, et rien autre chose.

XV. Parlons des objets rapportés. Le juge du partage a à s'en occuper. Le rapport ne peut être demandé que par les enfants héritiers réciproquement les uns aux autres ; les héritiers externes ne peuvent l'exiger. Nous n'avons pas à nous étendre sur le rapport, nous ne parlerons que des dispositions de notre titre. Ainsi nous y lisons que les armes données à un fils (fr. 1, § 15, *De col.*) et les dons alimentaires ne sont pas rapportés. Mais examinons l'hypothèse prévue par notre fr. 20 pp. Un père meurt *intestat* en laissant deux fils et une fille qu'il a dotée et mariée à Titius : la possession *unde liberi* est accordée aux fils, mais elle n'est donnée à la fille que si elle rapporte cette dot profectice : comment fera-t-elle pour la rapporter, puisqu'elle est mariée, et que durant le mariage la dot fait partie des biens du mari ? Elle la rapportera en moins prenant (L. 5, Cod. *De collat.*), ou bien elle donnera à ses frères caution qu'elle leur rapportera sa dot en proportion de leurs parts héréditaires dès qu'elle l'aura recouvrée. Le frag. 20 pp. prévoit ce dernier cas : les frères, par erreur de droit (*imperitia*), se contentent de ce cautionnement insuffisant. Pourquoi est-il insuffisant ? Des auteurs disent que c'est parce que cette femme a parlé de ce qu'elle recouvrerait elle-même et n'a rien dit de ce que ses héritiers obtiendraient ; si cette femme mourait avant son mari, ses frères n'auraient rien. Nous n'admettrons pas cette explication. En effet, si la femme meurt avant son mari, ses héritiers n'ont aucun droit sur cette dot profectice qui revient dans notre hypothèse au mari, du moins avant Justinien (*De rei ux.*, § 6, Cod.) : ainsi peu importe s'il a été ou non parlé d'eux. D'ailleurs, s'ils y avaient droit, ils seraient tenus de la rapporter, car la femme en s'obligeant les a obligés aussi (fr. 9, *De prob.*). Cette explication est donc illogique. Selon nous, les frères se sont imaginés qu'ils pourraient demander la dot de cette femme à ses héritiers, ils ne savent pas que les lois font revenir la dot profectice d'abord au père, et si le père est mort, au mari. Ainsi la femme étant morte avant son mari, la dot est restée dans les biens de ce dernier, et les héritiers de la femme poursuivis par ses frères se refusent à rapporter la dot, puisqu'ils n'ont aucun droit sur elle, et ils argumentent des termes dans lesquels le cautionnement a été donné : notre frag. 20 pp. dit que cette erreur de droit ne nuira pas aux frères, car il s'agit pour eux ici, non de faire un gain, mais d'éviter une perte (*De jur. et fac.*, fr. 8), et en conséquence, les héritiers de la femme devront rapporter sa dot en moins prenant, le juge de notre action y veillera.

XVI. Les choses héréditaires entrent dans notre action pour être partagées ou pour être prélevées. Disons quelques mots des prélèvements. La dette du défunt, même naturelle envers l'un de ses héritiers, est une cause de prélèvement (fr. 25, § 19 h. tit., et fr. 26, § 1, *De pac. dot.*). Examinons l'hypothèse prévue par notre frag. 25, § 19. Un fils *in potestate* s'est présenté à un créancier paternel comme défenseur de son père et a offert d'être jugé à sa place (c'est de lui-même qu'il le fait et non par ordre de son père); il a été condamné à une somme de 100 fr. qu'il a payée, par exemple avec son pécule *castrans*, soit du vivant de son père, soit après sa mort, peu importe; puis en vertu du testament de son père il devient héritier pour partie et a pour cohéritier Titius. En acceptant le débat et en payant, ce fils a libéré son père, qui est tenu envers lui d'une obligation naturelle : pourra-t-il dans l'action *familiæ erciscundæ* réclamer une partie de cette somme, le reste de sa créance ayant été éteint par confusion ? A première vue, il semble que non, car bien qu'il ait payé en son propre nom, ce n'est pas en qualité d'héritier qu'il l'a fait (fr. 49), surtout s'il a payé du vivant du père : en droit strict, notre action ne devrait pas s'occuper de cette dette du défunt, puisqu'elle n'a rien à démêler avec les créances et les dettes : cependant Paul accorde par équité au fils une action utile et non pas directe, ou plutôt ce fils prélèvera cette somme; car lorsqu'il s'agit d'une obligation naturelle on n'a pas une action, mais une *præceptio*, *retentio*, *reputatio*, *deductio* (fr. 20, § 1).

Ce qu'un esclave héréditaire acquiert est commun à tous : mais s'il a acquis une chose *ex re Primi*, Primus pourra prélever le montant de cette acquisition (fr. 24, *Com. div.*).

Lorsqu'un testateur a grevé tous ses héritiers d'un

legs envers son créancier Titius, en compensation de sa créance, et a chargé l'un d'eux, Primus, de payer Titius : si ce créancier préfère exiger de Primus le montant de ce qui lui est dû, Primus prélèvera le legs laissé à Titius (fr. 20, § 8).

La principale cause de prélèvement, ce sont les legs par préciput (L. 7 et 21, Cod.). Lorsque le testateur a légué par préciput à un de ses héritiers une somme d'argent qui ne se trouve pas dans sa succession, les autres sont tenus *pro parte hereditaria* suivant Paul (fr. 25, § 22), et suivant Gaïus, le juge devra faire vendre un ou plusieurs objets jusqu'à due concurrence (fr. 26). Quand même il ne se trouverait pas une seule pièce d'argent dans l'hérédité, ce prélèvement a lieu, l'hérédité est censée comprendre autant d'argent que la vente des objets héréditaires peut en procurer.

Justinien a introduit une nouvelle cause de prélèvement par la loi finale au Code (*Com. utr.*).

On assimile aux legs par préciput les choses qu'un père a données de son vivant à un de ses enfants sous sa puissance : ces donations furent d'abord considérées comme nulles, et la mort ou le silence du père n'aurait pas suffit pour les confirmer (fr. 1, § 1, *Pro don.*, et fr. 2, § 2, *Pro her.*); mais une exception fut admise, s'il apparaissait que le père eût conservé jusqu'à la mort la même volonté (L. 18 pp., Code), son décès les confirmait, et elles étaient prélevées comme préciput. Même décision quant aux choses qu'un père a achetées au nom d'un de ses enfants (L. 18, Cod.). Toutefois, la loi 13, au Code, *De collat.*, semble contraire. Cujas (dans ses observat., liv. 3, chap. 30), concilie ces deux lois en disant que si le fils est héritier testamentaire il aura par préciput ce qui lui a été donné et que s'il est héritier *ab intestat* il devra le rapporter. Mais comme par la novelle 18, chap. 6, le rapport a lieu dans l'hérédité testamentaire comme dans l'hérédité *ab intestat*, le préciput cessera donc indistinctement pour les donations faites par le père.

Primus, fils de famille, institué héritier, prélève non-seulement la dot de sa femme (fr. 20, § 2, et L. 2, Cod.), mais encore celle de la femme de son fils, car ce fils est tombé sous sa puissance. Julien nous apprend depuis quelle époque ce fils a droit aux fruits des biens dotaux (fr. 51). Remarquons que le prélèvement de la dot est concédé au fils lors même qu'il ne serait pas héritier.

Si, par erreur, ceux qui avaient un préciput ont partagé avec les autres les choses sur lesquelles ils avaient un droit de préférence, ils seront restitués en entier quant à ces choses (Voët, h. tit.).

Examinons le cas prévu par notre fr. 35. Un père donne un bien à sa fille pour cause de dot et lui ordonne d'en payer les revenus au mari : ce sont donc les revenus et non le bien qu'il constitue en dot : puis il institue sa fille héritière avec ses autres enfants et meurt avant la dissolution du mariage. Il semble que la fille ne peut prélever ce bien et en doit le rapport : en effet, nous avons ici une donation puisque les revenus seuls ont été mis en dot, et rien ne montre que le père ait persévéré dans la même intention. Mais Papinien n'est pas de cet avis (fr. 35), parce que, dit-il, ce n'est pas là une simple donation, mais une donation à cause de dot qui est soumise aux mêmes règles que la dot. Il faut donc distinguer la donation simple de la donation pour cause de dot, comme on distingue la donation simple de la donation pour cause de partage (fr. 20, § 3). C'est ainsi qu'on distingue la vente pure et simple de la vente pour cause de dot (fr. 16, *De jur. do.*), ou pour cause de gage (fr. 2, *De distr. pig.*), ou pour cause de partage (fr. 34).

Dans notre espèce, la fille a une juste cause de retenir les biens donnés; elle les prélèvera donc dans le partage si elle est héritière en vertu d'un testament, sinon elle en doit le rapport (L. 7, *De coll.*, Code). Pourquoi cette différence entre la succession testamentaire et la succession *ab intestat?* C'est que les enfants, quand il y a un testament, viennent à l'hérédité, non comme enfants, mais comme y viendraient des étrangers s'ils avaient été institués, or entre étrangers il n'y a pas de raison d'établir l'égalité par des rapports. Quand il s'agit de la succession *ab intestat*, les enfants viennent comme tels, en vertu d'un droit qui leur est propre, le droit de parenté, et non en vertu du droit commun; il est raisonnable de chercher à établir entre eux l'égalité par des rapports. Mais la novelle 18 de Justinien, dont nous venons de parler, abroge notre fr. 25.

Un père de famille s'est institué deux héritiers, et a légué par préciput (L. 21, Code) à Primus le fonds Cornélien et à Secundus le fonds Sempronien ; ce dernier fonds est hypothéqué. Comme ils sont de plein droit héritiers pour parties égales, Secundus doit céder à Primus la part qu'il a dans le fonds Cornélien et Primus doit céder à Secundus la part qu'il a dans le fonds Sempronien. Mais Secundus ne doit céder à Primus la part qu'il a dans le fonds Cornélien que s'il reçoit de Primus la part qu'il a dans le fonds Sempronien affranchie de l'hypothèque qui la grève; quant à l'autre partie du fonds Sempronien que Secundus a déjà par droit héréditaire, ce sera à lui à l'affranchir de son propre argent. Le fonds Sempronien sera donc dégrevé par chacun des cohéritiers pour sa part (fr. 28), et Papinien ne distingue pas si le testateur a su ou non que le fonds Sempronien était hypothéqué (fr. 33), et avec raison, car il est juste que dans la société héréditaire chaque cohéritier prenne part au dégrèvement d'un bien. C'est seulement dans le cas d'un legs laissé à la charge d'un héritier qu'on distingue : si le testateur a connu l'existence de l'hypothèque, l'héritier doit dégager l'objet légué; s'il l'a ignoré (ce qui était possible puisque chez les Romains il n'y avait aucune publicité de l'hypothèque), l'héritier remet la chose dans l'état où elle se trouve : cette circonstance que le défunt n'avait nulle connaissance de l'hypothèque ne met pas la dette à la charge du légataire, dans tous les cas où le défunt sera débiteur son héritier le sera, seulement dans le dernier cas il peut attendre pour dégrever que le créancier attaque ou puisse attaquer (fr. 57, *De leg.* 1°). Mais on ne peut faire, dans l'hypothèse de notre fr. 38, la distinction faite par ce fr. 57, puisque ce dernier fragment parle d'un *legatum* et non d'un *prælegatum*.

Examinons le cas de notre fr. 18, § 5. Il est complété par le fr. 38 pp., *De condic. indeb.* Voici l'hypothèse de cette dernière loi : Primus et Secundus sont tous deux sous la puissance de leur père, Primus emprunte 100 de Secundus, Secundus les lui prête sur son pécule : Primus devient débiteur naturel, non de son frère, mais de son père, la créance ne s'arrête pas sur la tête de Secundus; quant à la dette, ce n'est pas le père qui en est chargé, le fils n'oblige pas son père. Le père meurt : Secundus recueille la moitié de cette créance, et Primus l'autre moitié : comme ce dernier est débiteur de 100, les 50 qu'il se doit à lui-même sont éteints par confusion; quant aux autres 50, Primus avait aussi un pécule, à la mort du père il est confondu avec les autres biens héréditaires, et Secundus en prend la moitié; c'est sur ce pécule de Primus que doit se prendre ce qu'il doit; ainsi nous aurons deux cas : si dans la moitié de ce pécule dévolue à Secundus, il y a de quoi payer les 50 qui lui restent dus, si, par exemple, le pécule est de 120, Secundus en prenant 60 a dû se payer, et en conséquence, si Primus lui avait antérieurement payé 50, il aurait la *condictio indebiti;* si ce pécule n'est que de 40 et que Primus ait antérieurement payé 50, il pourra répéter 30 par la *condictio iudebiti* comme payés indûment. Pour prouver la vérité de ce qu'il a avancé, Africain cite trois hypothèses dans lesquelles la dette due par un cohéritier doit être imputée sur le pécule qui vient de lui. Ces trois hypothèses sont de notre matière. Premier cas : le pécule est de 120, il a été légué par préciput à Primus, il n'échappera pas pour cela à Secundus, qui pourra prendre 50 sur ce pécule. Second cas : ce n'est pas à Secundus que Primus doit, mais c'est à un étranger Titius, bien entendu Primus a un pécule : nous ne supposerons pas un emprunt puisque le sénatus-consulte Macédonien défendait de prêter aux fils de famille, c'est par suite d'un achat, par exemple, que Primus est débiteur : Titius actionne Primus et se fait payer le tout. En effet, le fils de famille à la différence de l'esclave s'oblige civilement envers les étrangers. Primus peut, au moyen de l'exception de dol, se faire céder par Titius l'action *venditi de peculio* qu'il a contre Secundus (fr. 18, § 5); s'il ne l'a pas fait, sera-t-il sans action? Le fr. 38 pp.

et notre fr, 18, § 5 lui accordent tous deux notre action pour se faire indemniser : ainsi Primus avait un pécule de 80 et il a payé 100, il dira à Secundus : Vous avez la moitié du pécule qui vient de moi, il faut me rembourser 40, car vous auriez été obligé de les donner si Titius vous avait poursuivi par l'action *venditi de peculio*. Secundus doit donc payer, non 50, c'est-à-dire la moitié de la dette, mais 40, c'est-à-dire la valeur du pécule qui lui revient : c'est ainsi qu'en droit français la femme qui a accepté la communauté n'est tenue que jusqu'à concurrence de son émolument. Troisième cas : Primus est, comme précédemment, débiteur de 100 de Titius, mais notre action est intentée avant que Primus ait été attaqué par Titius, Primus dira à Secundus : Le pécule qui vient de moi est de 80, il vous revient donc 40, promettez-moi de me les rembourser quand Titius me poursuivra, ou payez-les-moi de suite (fr. 20, § 1). Ces différents cas expliqués, Africain en tire un argument *à fortiori* en faveur de sa cause : Puisque, dit-il, le frère est obligé de garantir le frère contre un créancier étranger, à bien plus forte raison doit-il le garantir contre lui-même, s'il est son propre créancier.

Examinons l'hypothèse de notre fr. 46 : Titius reçoit la dot de sa bru, et il meurt laissant son fils Caïus institué sous condition et exhérédé dans le cas où cette condition ne s'accomplirait pas : tandis que cette condition est pendante, le fils peut-il prélever la dot de sa femme ? On explique notre fragment de deux manières différentes : nous croyons que Paul expose d'abord l'opinion de Sabinus et non sa propre opinion. Selon Sabinus, tant que la condition est en suspens, l'action pour poursuivre la dot est de même : bien entendu c'est de notre action qu'il entend parler, puisque ce fragment est placé sous notre titre, et cette solution est vraie; en effet, Caïus n'est pas encore héritier. Il ne peut donc prélever la dot au moyen de notre action selon Sabinus : mais suivant Paul, il a pour la prélever une action *in factum utile* (L. 21, *De sacro eccl.*, Code), car il est équitable que la dot soit là où sont les charges du mariage. Telle est notre interprétation.

Selon un auteur, le commencement de notre fragment parle du cas où le divorce a eu lieu du vivant du père, et la fin du cas où le divorce a eu lieu après sa mort. Dans le premier cas, dit-il, la femme peut répéter sa dot contre tous les héritiers : parmi eux se trouve le mari institué sans condition : tant que cette condition est pendante, l'action dotale est en suspens contre lui. Nous, au contraire, nous avons dit qu'il s'agissait de notre action : en effet, si l'on admet cette explication, ces mots de notre fragment *interim actionem pendere* sont inexacts, puisque la femme peut répéter des autres cohéritiers *pro parte hereditaria*. Si le divorce a eu lieu après la mort du père, ajoute cet auteur, l'action dotale n'est pas en suspens. Cela est inadmissible, selon nous; en effet, elle est en suspens relativement au mari, dont l'institution est soumise à la réalisation d'une condition, et c'est celui qui hérite du père qui est tenu de rendre la dot, et non celui qui la prélève par préciput (fr. 85, *Ad leg. Falc.*). Lorsque le mari a prélevé toute la dot, on vient au secours de son cohéritier en accordant à la femme une action utile pour le tout contre le mari : si l'on n'accordait pas cette action à la femme, elle ne pourrait demander que 1/2 à son mari, 1/2 au cohéritier de son mari, puisque cette dot est une dette de la succession de Titius, le beau-père, auquel la dot a été donnée (fr. 7, § 5, *De dot. præl.*).

XVII. Passons aux prestations dont nous avons dit que notre action s'occupait. Elles ont lieu lorsque par suite du fait d'un des cohéritiers il est équitable qu'il preste quelque chose à ses cohéritiers, ou que ses cohéritiers lui prestent quelque chose. Mais avant de parler des obligations qui naissent de l'indivision entre cohéritiers, disons quelques mots des droits qu'elle leur procure. L'indivision peut s'appliquer à des choses particulières ou à des universalités, elle peut résulter d'actes entre-vifs ou d'actes à cause de mort. Nous n'avons à nous occuper ici que de l'indivision s'appliquant à une universalité et résultant d'une succession, d'un acte à cause de mort. Chacun des cohéritiers peut user des choses héréditaires. Ulpien nous dit : « Usum balnei, vel porticus, » vel campi uniuscujusque in solidum esse : neque enim » minus me uti, quod et alius uteretur » (fr. 5, § 15, *Commodati*). Quant au *jus fruendi*, nous ferons remarquer que les cohéritiers ont un droit sur les fruits et les produits des choses héréditaires, proportionnel à leurs parts dans l'hérédité : si un seul les perçoit, il doit en rendre compte. Du droit d'usage et de jouissance résulte le droit d'administration : chacun des cohéritiers a le droit de faire pour le tout les dépenses nécessaires et les réparations qui préviennent, arrêtent ou font disparaître les dégradations éprouvées par une chose héréditaire. Ulpien nous dit à ce propos : « Si ædes communes sint, aut » paries communis, et eum reficere, vel demolire, vel » in eum immittere quid opus sit, communi dividundo » judicio erit agendum, aut interdicto uti possidetis ex-

» perimur » (fr. 12, *Com. div.*). Ce texte s'applique au cas où il s'agit d'une démolition ou d'une reconstruction entière : alors il faut commencer par provoquer le partage; et si l'un des cohéritiers a fait commencer l'ouvrage sans tenir compte de cette règle, les autres cohéritiers exerceront contre lui l'interdit *uti possidetis*, sous prétexte qu'il trouble leur possession. Lorsqu'il y a opposition constatée, on ne doit pas changer l'état de la chose commune, ce changement fût-il réellement avantageux. Mais si des dépenses utiles, si des changements ont été faits sans opposition ou même à l'insu des cohéritiers, on applique la règle de la gestion d'affaires. Malgré leur droit d'administration, les cohéritiers n'ont pas mandat de plaider les uns pour les autres, et on applique d'ordinaire ici le principe de la divisibilité de la chose jugée (fr. 25, § 8). Quant au droit d'aliéner, les cohéritiers l'ont-ils?

Dès que les cohéritiers ont commencé à intenter notre action, dès qu'il y a eu *litis contestatio*, toute aliénation volontaire est interdite. Avant la *litis contestatio* chaque cohéritier peut aliéner sa part par indivis (L. 3. *De commun. rer. alien.* C.); son cohéritier ne peut pas, en lui offrant le même prix de sa part, être préféré à un étranger; autrefois pourtant cela avait été admis (L. 14, Code, *De contrah. emp.*). Sont permises les aliénations qui ont une cause préexistante à la *litis contestatio*, par exemple une chose a été léguée sous condition et elle s'accomplit après la *litis contestatio*. Selon un auteur, dans l'action *familiæ erciscundæ*, les aliénations volontaires sont interdites non-seulement après la *litis contestatio*, mais encore dès que l'action a été intentée, et dans l'action *communi dividundo* c'est seulement s'il y a eu *litis contestatio.* Il invoque la L. 1 (Code, *Com. div.*) qui ne parle que de l'action *communi dividundo ;* mais nous lui opposons le fr. 13 ; il est vrai qu'il se sert des mots *post acceptum judicium*, mais ils sont synonymes de *post litis contestationem.* Cet auteur invoque encore la L. 2 (Code, *De petit. heredit.*) qui interdit toute aliénation à partir de l'époque où l'action a été intentée et non à partir de la *litis contestatio.* Nous répondrons que cette loi parle de la *petitio hereditatis* et non de l'action *familiæ erciscundæ;* or ces deux actions sont bien différentes, et on ne peut appliquer à l'une ce qui est dit de l'autre. Si le préteur peut ici en connaissance de cause empêcher le possesseur d'aliéner, c'est que la controverse porte sur le droit d'hérédité tout entier et que l'un d'eux n'est pas reconnu pour héritier. Mais dans l'action *familiæ erciscundæ* il ne s'agit pas d'un procès sur le droit d'hérédité tout entier, aucun des copartageants ne voit nier sa qualité d'héritier ; il s'agit simplement de partager une hérédité, et un cohéritier peut parfaitement aliéner sa part, pourvu qu'il s'y prenne avant la *litis contestatio.* Mais passé la *litis contestatio*, si toute aliénation est interdite, c'est qu'il serait absurde qu'après avoir provoqué un partage on pût y soustraire des objets : c'est là une prohibition de la loi et non du préteur. Enfin dans notre action chacun est à la fois demandeur et défendeur : il n'en est pas ainsi dans la *petitio hereditatis.* Ne distinguons donc pas entre l'action *communi dididundo* et l'action *familiæ erciscundæ.* Un auteur a tort de dire que même avant la *litis contestatio* toute aliénation sera interdite si elle a été faite dans le but d'opposer à son cohéritier un adversaire intraitable. Aucun texte ne défend la vente dans ce cas. Mais le cohéritier vendeur sera tenu, par suite de l'édit *de alienatione judicii mutandi causa*, d'indemniser son cohéritier du tort que lui a causé cet adversaire intraitable. Bien loin de là, on trouve que l'aliénation d'une chose litigieuse est valable ; mais si l'acheteur poursuit l'objet litigieux, on lui oppose l'exception de chose litigieuse. Accurse dit qu'après la *litis contestatio* on peut aliéner une partie de l'hérédité *dotis causa*, il le conclut de la L. 4, § 1 (Cod., *De litig.*), mais à tort suivant nous, car cette loi s'occupe des objets litigieux, et non d'objets qu'on veut partager et sur lesquels, par conséquent, il n'y a pas de procès. Cette loi, d'ailleurs, dit que dans le cas où un objet litigieux a été aliéné *dotis causa*, etc., il ne sera rien payé au fisc à titre de peine, que la vente sera impunie : or, quand il s'agit d'un objet pour le partage duquel une action a été intentée, la vente en est toujours impunie, sans aucune distinction, puisqu'elle est nulle, car une peine ne frappe que les actes qui ont eu un effet. La loi qui défend la vente des objets litigieux est une loi imparfaite, car tout en défendant cette vente, si elle a eu lieu elle ne l'annule pas ; au contraire, la loi qui interdit toute vente d'un objet héréditaire après la *litis contestatio* est parfaite, puisqu'elle annule les actes faits malgré sa défense. Il ne faut pas dire qu'après la *litis contestatio* on ne peut donner un objet en gage, car on donne un objet en gage sans en perdre la propriété et sans le soustraire au pouvoir du juge du partage qui doit s'occuper des objets engagés. Pourquoi interdit-on l'aliénation des objets héréditaires après la *litis contestatio?* parce que sans cela on les soustrairait au partage ; or en donnant un objet en gage on ne le soustrait pas au partage, donc c'est permis.

XVIII. Parlons des obligations qui résultent de l'indivision, nous parlerons ensuite de celles qui naissent *ex delicto aut quasi ex delicto* de l'un des cohéritiers. Pour qu'un fait soit productif d'une obligation qui donne ouverture à notre action, il faut, en premier lieu, qu'il émane d'un héritier agissant en cette qualité (fr. 49 et fr. 16, § 4). Il est nécessaire que l'héritier ait accepté la succession, ou du moins connaisse sa qualité d'héritier. On fait exception à cette règle dans certains cas, par exemple lorsque l'acte qu'on a effectué a été inspiré par un sentiment de respect pour le défunt, une action utile est accordée (fr. 49 et fr. 25, § 19). De notre fr. 49 il résulte que dans notre action il peut y avoir à la fois des choses qui y entrent directement et d'autres dont elle ne s'occupe que *ex utilitate*. Il faut, en second lieu, que l'acte de gestion ait porté sur une chose héréditaire, que l'héritier considérait comme telle (fr. 44, § 3), et que la gestion ait été faite en vue de l'intérêt commun (fr. 14, *Com. div.*); on n'exigeait pas, cependant, que l'héritier sût quel était son cohéritier: s'il croyait avoir à partager avec Titius, et que Séius fût son cohéritier, on lui accordait une action utile (fr. 6 pp., *Com. div.*). Au contraire, celui qui se croyait seul héritier n'avait point d'action (fr. 29, *Com. div.*). Ce sont donc des règles identiques à celles admises pour l'action *negotiorum gestorum*. Enfin, il y a une troisième condition pour qu'un fait soit productif d'une obligation qui donne ouverture à notre action, il est nécessaire qu'il fût impossible au cohéritier de faire commodément seulement sa propre affaire : ainsi, il ne peut ni louer ni cultiver par indivis; de même, si un esclave héréditaire est poursuivi par une action noxale et qu'il paye la *litis æstimatio;* de même, s'il a donné caution à des légataires pour empêcher leur envoi en possession (fr. 6, § 2, *Com. div.*). Dans ces diverses espèces, ce cohéritier n'a pensé qu'à gérer sa propre affaire, il n'a pas eu l'intention de gérer les affaires de ses cohéritiers, et si cependant il l'a fait, c'est qu'il lui était impossible d'agir autrement. Mais si ce cohéritier, au lieu de louer, a voulu vendre, il peut parfaitement vendre sa part indivise, sauf à l'acheteur à être embarrassé pour louer ou pour cultiver. Si donc il vend le champ héréditaire tout entier, il n'aura pas l'action *familiæ erciscundæ*, mais l'action *negotiorum gestorum.* Même décision dans le cas de la stipulation *damni infecti* (fr. 40, *De neg. gest.* et *Com. div.*, fr. 6, § 7). Cette distinction est fort importante, puisque le *negotiorum gestor* doit apporter à la gestion d'une affaire les soins qu'y apporterait un père de famille diligent, et qu'au contraire celui qui est poursuivi par l'action *familiæ erciscundæ* ne répond que de la faute qu'il ne commet pas dans ses propres affaires. Un auteur dit que la loi 3, au Code, *De neg. gest.*, est opposée à cette distinction. Examinons cette loi. Selon nous, elle a en vue deux hypothèses. Première hypothèse : Titius est créancier chirographaire de l'hérédité, il n'est pas créancier hypothécaire, et un des cohéritiers le paye pour sa part et pour celle de son cohéritier. Comme ce cohéritier pouvait parfaitement ne payer que sa part, il invoquera l'action *negotiorum gestorum* et non l'action *familiæ erciscundæ.* Seconde hypothèse : Titius est créancier hypothécaire ou gagiste de l'hérédité, et un des cohéritiers le paye pour sa part et pour celle de son cohéritier, afin de dégager le fonds hypothéqué ou de recouvrer le gage. Dans ce cas, ce cohéritier a les deux actions *familiæ er-*

ciscundæ et *negotiorum gestorum*, mais chacune pour une raison différente : s'il a la première, c'est qu'il ne pouvait libérer le fonds ou affranchir le gage pour partie, et s'il a la seconde, c'est qu'il pouvait ne payer que la moitié de la dette. C'est à lui de choisir entre les deux actions. Cette loi n'est donc pas opposée à notre distinction. Selon un autre auteur, dans le cas où l'affaire ne pouvait être faite pour partie, on a toujours le choix entre les deux actions ; il invoque la loi 18, § 1, au Code, qui nous dit que les dépenses faites par un des cohéritiers *familiæ eriscundæ judicio, vel negotiorum gestorum actione servari possunt*. Il ne résulte pas de cette loi que l'on ait le choix entre les deux actions, on agira par l'une ou par l'autre, suivant la nature de l'affaire. Dans le cas où le cohéritier a notre action parce qu'il n'a pu gérer l'affaire que pour le tout, si cette action a déjà été exercée, il recourra à l'action *communi dividundo* et non à l'action *negotiorum gestorum*.

Il pouvait arriver que notre action eût uniquement pour but, non pas un partage à opérer, mais la poursuite des prestations personnelles, et qu'il n'y eût que des condamnations et pas d'adjudications.

Les prestations personnelles auxquelles sont tenus des cohéritiers, leurs héritiers en sont aussi tenus (fr. 4, § 3, et fr. 10).

Si depuis le jour où les héritiers ont commencé à être obligés les uns envers les autres à des prestations personnelles, il s'est écoulé trente ans, ces prestations personnelles seront prescrites.

On peut conclure du fr., 46, *De oblig. et act.*, que la loi romaine n'exige pas un accord de volontés pour que des obligations naissent *quasi ex contractu*. Cette loi, en effet, porte qu'un pupille ou un fou qui se trouve parmi les cohéritiers, sera tenu sans l'*auctoritas* de son tuteur ou de son curateur, s'il a dégradé, étant *conscius fraudis*, un objet héréditaire, ou s'il s'est enrichi aux dépens des autres. Par ce seul fait qu'on a géré les affaires de l'hérédité, on est tenu de rendre des comptes et de restituer ce qu'on a obtenu, qu'en le veuille ou non. Bien loin de dériver de la volonté des parties, le quasi-contrat peut avoir lieu contre leurs volontés : ainsi lorsqu'un *prædo* gère les affaires des cohéritiers, il est tenu par ce seul fait, bien qu'il ait uniquement l'intention de faire un gain (fr. 6, § 3, *De neg. gest.*). On nous oppose le fr. 13, § 2. *Commod.*, d'après lequel un quasi-contrat naît d'une obligation tacite. Ce texte nous semble, au contraire, en notre faveur : tacite obligation y est opposée à celle qui prend sa source dans la volonté des parties ; en effet, ce texte porte que ces obligations *quasi ex contractu* naissent *præter mentem eorum et extra id quod actum est.*

Les principales prestations personnelles qui entrent dans notre action sont, suivant Pothier (*Pand.*, h. tit.), et Vinnius (h. tit.) : le partage du profit ou de la perte qu'on a éprouvée à la suite d'une hérédité, et la réparation du dommage que l'on a causé à une chose héréditaire. Doneau (*De jud. divis.*, ch. 12) les range sous trois catégories : 1° cas où un héritier se trouve appauvri à l'occasion des affaires héréditaires ; 2° ceux où il se trouve menacé d'une perte à la même occasion ; 3° ceux où l'hérédité se trouve diminuée par le fait de son cohéritier. Dans la première division, nous rangerons tes hypothèses prévues par les fr. 44, § 5 ; 18, § 6 et § 5 ; 25, § 13, § 14 et § 15 ; 44, § 7 ; 29, § 10 et

§ 11, h. tit. et fr. 80, § 1, *Ad leg. Falc.* Nous avons eu ou nous aurons occasion de parler des difficultés que peuvent présenter ces fragments; nous n'en dirons donc rien ici. Qu'il nous suffise de parler du cas où un héritier a fait des dépenses pour l'hérédité. Le § 3 des Institutes (3, 27) ne parle que des dépenses nécessaires; n'y a-t-il que pour celles-là que les co-héritiers sont tenus? S'il y avait eu permission des autres, celui qui a fait les dépenses aurait l'action *mandati*; il faut donc, bien entendu, supposer qu'il a agi à l'insu de ses cohéritiers. Celui qui a fait une dépense utile peut, au moyen de notre action, obtenir le montant de la plus-value qu'il a procurée à l'hérédité : et cela quand même la chose améliorée ou conservée aurait péri, car l'obligation une fois née subsiste, et c'est là une règle générale pour toutes les prestations (fr. 24, pp.). Toutefois on ne donnait alors qu'une action utile (fr. 9, *Com. div.*). On peut voir dans le fr. 31, h. tit. l'application de ce que nous venons de dire.

Les fr. 22, § 4 et § 5, 23 et 24 se complètent l'un l'autre : Ulpien pose en principe, § 4, que notre action *constat ex rebus et ex præstationibus*, et Papinien, § 5, argumente de ce principe : « Quand nous reconnaîtrons qu'une chose entre dans notre action, dit-il, nous devrons décider que les prestations personnelles relatives à cette chose y entreront aussi. » Il en conclut que les prestations relatives à une chose qui est chez l'ennemi entrent dans notre action. Paul apporte un tempérament à cette solution. Enfin Ulpien examine le cas où une chose héréditaire a péri, et Papinien tire des paroles d'Ulpien un argument *à fortiori :* Si le juge du partage doit s'occuper des prestations auxquelles peut donner lieu un objet détruit (fr. 24 et 31), à plus forte raison doit-il s'occuper des prestations qu'a occasionnées un objet qui existe encore quoiqu'il soit chez l'ennemi.

Nous venons de dire que les dépenses utiles entrent dans notre action. Il y a deux exceptions à cette règle : la première se trouve dans le fr. 1, § 5, *De dot. col.* La seconde se présente lorsque la dépense n'a été utile qu'au point de vue de celui qui l'a faite, et que les autres cohéritiers ne s'en trouvent pas mieux.

Lorsque l'un des cohéritiers a fait une dépense utile malgré l'opposition de son cohéritier, du temps des jurisconsultes, les plus favorables donnaient une action utile (fr. 40, *Mand.*): Justinien (L. 24 Cod., *De neg. gest.*) refuse toute action dès qu'il y a eu *denunciatio* de la part de l'opposant.

La seconde catégorie de Doneau comprend les cas où on peut agir sans avoir fait encore aucun déboursé, mais pour un dommage imminent : c'est ce qui a lieu ; par exemple, lorsqu'une chose a été donnée en gage, chaque héritier peut forcer les autres à payer leur part, afin de faire cesser une situation désavantageuse pour tout le monde (fr. 18, § 4, et 44, § 7).

Enfin, dans sa troisième catégorie, Doneau range les prestations dues en raison de ce qu'on a perdu ou manqué de gagner (*quod abest*) par la faute ou par le fait de son cohéritier : ainsi l'héritier qui a loué un fonds héréditaire doit rendre compte des loyers qu'il a touchés (fr. 8, § 2, *Com. div.*) ; de même les fruits perçus par un des cohéritiers doivent être remis dans la masse. Nous croyons que si les fruits n'ont pas été consommés ils feront l'objet d'une adjudication et non d'une condamnation (fr. 44, § 3 h. tit., et Inst. § 4, *De of. jud.*). Si un des cohéritiers a vendu un objet héréditaire, ses cohéritiers qui trouvent la vente avantageuse ont, pour réclamer leur part dans le prix, ou l'action *mandati*, ou l'action *negotiorum gestorum* (L. 20, Code) : ils n'ont pas notre action, puisque cette vente pouvait se faire pour partie ; et cependant Paul (fr. 44, § 2) semble leur accorder notre action dans ce cas. On peut concilier ces deux textes en disant que Paul s'occupe d'une chose qui n'est pas susceptible de vente partielle, ou du moins qui ne peut être vendue avantageusement pour partie ; ou bien on peut supposer que Paul ne veut point parler du prix de vente, mais seulement d'accessoires que le cohéritier vendeur a stipulés frauduleusement en son nom personnel. Ce serait là un véritable cas de dol qui donnerait ouverture à notre action (fr. 26, § 4). Non-seulement le dol, mais encore la faute engendre notre action. Le cohéritier est responsable de la faute qu'il ne commettrait pas dans la gestion de ses propres affaires ; et Paul nous en donne la raison dans le fr. 25. C'est la loi ou une volonté étrangère qui le met en rapport avec les cohéritiers, il est donc juste de leur donner des garanties à l'égard d'un cohéritier qu'ils ne connaissent pas. De son côté Gaïus (fr. 72, *Pro socio*), en indiquant que l'associé n'est point tenu des soins d'un père de famille diligent, nous dit, pour justifier sa décision, que les associés se choisissent, et que s'ils ont pris un associé négligent ils ne peuvent s'en prendre qu'à eux-mêmes. Ainsi voilà deux raisons opposées qui amènent à la même conclusion.

Quand un cohéritier a commis une faute, ses cohéritiers, avons-nous dit, ont notre action contre lui. Voici des exemples de faute : un testateur a dit : *Titio hominem do lego*, s'il n'a pas indiqué au choix de qui, c'est e légataire qui choisira. Titius meurt sans s'être prononcé et en laissant plusieurs héritiers : si l'un d'eux, en ne voulant pas adhérer au choix fait par ses cohéritiers, empêche le legs d'être exécuté (avant Justinien du moins Inst., *De leg.*, § 23), il sera poursuivi par ses cohéritiers au moyen de l'action *familiæ erciscundæ in id quod interest* (fr. 25, § 17). Notre fragment nous prouve que dans le cas de legs d'option, lorsque le légataire meurt après le *dies cedit* et avant d'avoir choisi, ses héritiers peuvent le faire à sa place, quoi qu'en disent les Institutes (*De leg.*, § 23). Cette opinion est confirmée par les frag. 12, § 7, *Quando dies leg.*, et 19, *De opt.* Second exemple de faute : Supposons qu'en donnant à Titius *hominem* le testateur ait donné le choix à ses propres héritiers : si l'un d'eux n'adopte pas le choix fait par ses cohéritiers et que ceux-ci soient actionnés par le légataire et condamnés à payer au delà de la valeur de l'esclave qu'ils étaient prêts à fournir, ils recourront par l'action *familiæ erciscundæ* contre le récalcitrant. Troisième exemple : pendant que les cohéritiers délibèrent s'ils feront adition de l'hérédité, l'un d'eux fait seul adition (il le peut, fr. 2, *Si pars her. pet.*), et laisse perdre par le non-usage les servitudes dues à des fonds héréditaires (fr. 25, § 18), il est obligé envers ses cohéritiers. Quatrième exemple : il y a responsabilité de la part du cohéritier qui n'a pas fait des réparations, quand cela lui était possible, puisque chacun doit déployer pour la chose commune les mêmes soins que pour ses propres biens (fr. 25, § 16).

Parlons du vol et du *damnum injuria datum* commis par un cohéritier au préjudice de son cohéritier. La soustraction d'un objet appartenant au défunt a été opérée par Primus, un de ses héritiers ; si c'est du vivant du *de cujus*, il est soumis à l'action *furti* et non à notre action, vu qu'il n'était pas héritier au moment du vol (fr. 16, § 4); si c'est pendant que l'hérédité est jacente, ce n'est ni l'action *furti* ni notre action qu'on a contre lui, mais l'action *expilatæ hereditatis* ; si c'est après l'adition d'hérédité, il est tenu à la fois de l'action *furti* et de notre action (fr. 45, *De furt.*, et fr. 16, § 5 h. tit.) : car il avait été reconnu que dérober une chose dont on était propriétaire pour partie était un vol. Dans ce dernier cas, Primus pourra, après avoir été attaqué par notre action, être encore poursuivi par l'action *furti* (fr. 45, *Pro soc.*), attendu que notre action est au simple (fr. 17). Lorsque c'est un dommage que Primus a causé à ses cohéritiers, il sera condamné au double par l'action de la loi Aquilia, s'il a nié avoir causé un dommage (Paul sent., 1, 19, § 1), et s'il est poursuivi par notre action, il ne sera condamné qu'au simple (fr. 20, § 4, *De her. petit.*). S'il a été poursuivi par notre action, pourra-t-on encore réclamer de lui par l'action de la loi Aquilia ce que cette dernière exige de plus ? (En effet, dans cette action le juge condamne à rembourser la valeur la plus considérable que la chose ait atteinte, soit dans la dernière année, soit dans les derniers six mois, suivant les cas.) Nous voyons dans les frag. 7, § 1, *Comm.*, et 34, *De obl. et act.*, que les actions de la loi Aquilia et *Commodati* se cumulent, et nous pourrions multiplier de tels exemples. Néanmoins, nous ne permettrons pas le cumul des deux actions aux cohéritiers. En effet, dans les frag. 13 et 14, *De rei vindic.*, nous lisons que le juge tient compte du *damnum injuria datum*, à condition que la partie lésée renoncera à exercer l'action de la loi Aquilia, et par conséquent au bénéfice qu'elle pourrait en retirer, soit par suite du mode d'appréciation particulier à cette action, soit par suite de l'estimation au double en cas de dénégation : et il est décidé de même quant à la pétition d'hérédité. Or nous avons vu que notre action et la pétition d'hérédité se ressemblent en plusieurs points ; et l'on peut ajouter que dans les textes, qui donnent le cumul des deux actions, nous voyons une grande hésitation à le décider, et cela même dans le cas de *commodat* qui pourtant est si favorable.

Lorsque le vol d'un objet héréditaire a été commis par l'esclave d'un des héritiers, même après l'adition de son maître, le juge de notre action n'a pas à s'en occuper, à moins que le maître ne l'eût permis ou encouragé (fr. 45, § 1). Mais s'il s'agit d'un vol opéré par un esclave héréditaire au préjudice d'un des héritiers, le juge du partage doit, suivant qu'il le trouve plus avantageux, ou condamner les autres héritiers à réparer le vol, ou adjuger l'esclave à l'héritier volé (fr. 10, § 6, h. tit., et fr. 61, *De furt.*). Dans notre dernière hypothèse aucune action noxale n'est accordée, car si elle pouvait être intentée, le cohéritier volé en serait tenu comme les autres cohéritiers (fr. 16, § 6 h. tit., et fr. 8 et 41, *De nox. act.*). Remarquons que dans le cas où une hérédité jacente est victime d'une soustraction, il n'y a pas vol (fr. 68, *De furt.*).

XIX. Disons quelques mots du juge de notre action. D'abord quel juge a-t-on ? Un juge unique que les textes nomment quelquefois *judex* et le plus souvent *arbiter* (Cic. *Pro Cæc.*, 7). Notre action n'était donc pas du ressort des *cemtumvirs*, ni des juges pédanés. Cependant Festus (v° *Vindiciæ*) parle d'une condamnation au double de la valeur des fruits prononcée par trois arbitres, et des auteurs concluent par analogie que la loi des Douze Tables ordonnait de nommer trois arbitres. C'est une simple conjecture.

Examinons les règles de compétence. Le principe en cette matière est : *actor sequitur forum rei* (L. 3, Cod., *Ubi in r.*). Mais lorsque les cohéritiers appartiennent à des juridictions différentes, comment éviter la multiplicité d'actions ? Des textes nous parlent de la possibilité d'une instance en partage où tous les cohéritiers ne seraient pas représentés, mais non comme ils auraient parlé d'une chose inévitable dans des cas nombreux. Enfin, aucun texte ne nous autorise à insérer dans la formule une *præscriptio* pour obtenir le renvoi : *ea res agatur si major pars hereditatis alibi non sit* (fr. 50, *De jud.*). Peut-être que c'est ici que s'appliquaient certaines règles sur la compétence en matière de procès connexes, sur lesquels malheureusement nous savons peu de chose : nous voulons parler des *præscriptiones* que le défendeur pouvait opposer pour obtenir la mise en cause de ses co-intéressés ou de ceux du demandeur. En effet, Justinien a placé de suite, après les actions divisoires, la constitution de Julien qui abolit ces *præscriptiones* (L. 1, Cod. *De consortib. ejusd. lit.*) : c'est donc que ces *præscriptiones* y avaient trait. Peut-être aussi peut-on voir dans le frag. 1, *De quib. reb. ad eumd. jud.*, non pas seulement le conseil de réunir les parties dans un même lieu pour qu'elles se concertent, mais encore une règle de compétence.

Quels sont les pouvoirs du juge du partage? Nous avons déjà vu qu'il partageait les biens rapportés et s'occupait des prélèvements; nous ajouterons qu'il impute, dans certains cas, les sommes qui devaient être rapportées à la succession (fr. 50 et 53) et qu'il veille à ce que la légitime demeure intacte aux enfants du *de cujus* (L. 21, Code); si l'avantage fait à l'un des héritiers ne laisse point aux autres le quart de leur portion, il est compétent pour opérer la retenue de la loi Falcidie (fr. 20, § 5). Un des pouvoirs les plus remarquables du juge du partage, c'est celui de prescrire aux parties des stipulations judiciaires, et de les forcer de se donner mu tnellement des cautions dans un grand nombre de cas, Remarquons d'abord que ce pouvoir n'est pas spécialement attribué au juge de notre action, mais est commun à tous les juges des actions de bonne foi ; le fr. 38, *Pro socio*, nous l'apprend. Prenons d'abord le cas de servitude rurale, et examinons successivement la position des héritiers de celui qui a stipulé et des héritiers de celui qui a promis une servitude rurale, la servitude *iter dari*, par exemple. Chacun des héritiers du stipulant a action pour le tout, car une servitude ne peut être établie pour partie ; mais si le débiteur refuse de l'établir, il ne sera condamné que jusqu'à concurrence de la part d'intérêt qu'a le demandeur à son établissement, car l'argent est divisible ; il ne sera donc pas condamné à payer tout ce que vaudrait de plus le fonds si la servitude avait été établie. Quant aux héritiers de celui qui a promis une servitude rurale, chacun d'eux est tenu d'établir la servitude pour le tout, quoiqu'il ne soit pas seul propriétaire du fonds sur lequel elle doit être établie, ou quoiqu'il n'en soit pas du tout propriétaire (ce qui arrive lorsque le fonds a été adjugé à un seul) ; son obligation subsiste entière : en effet, même celui qui n'a aucun fonds s'engage valablement à constituer une servitude, ou peut être obligé pour le tout par la promesse de son auteur (fr. 25, § 10). Autre chose est transmettre par *in jure cessio* une servitude, autre chose est la devoir. Pour céder une servitude, il faut être propriétaire en entier d'un fonds (fr. 1, § 1, *Comm. præd.*) ; on peut la devoir par suite d'une stipulation ou d'un legs, bien qu'on n'ait pas de fonds, parce qu'on sera condamné, si l'on ne constitue pas cette servitude, à en payer la valeur. De même on ne peut céder sous condition aucune servitude prédiale (fr. 4, pp. *De servit.*); mais on peut la devoir sous condition (fr. 98, § 1, *De verb. oblig.*). Chacun des héritiers du promettant est tenu de fournir la servitude pour le tout ou d'en payer la valeur pour le tout : et si l'un de ces cohéritiers a été poursuivi avant tout partage, il recourt par l'action *familiæ erciscundæ* contre ses cohéritiers pour leur part. Si le partage a lieu avant qu'aucune poursuite n'ait commencé, le juge exigera qu'ils se donnent caution les uns aux autres de rembourser proportionnellement à leurs parts héréditaires celui d'entre eux qui établira la servitude promise ou en payera l'estimation (fr. 2, § 2, *De verb. oblig.*). Quant aux héritiers de celui qui a stipulé une servitude prédiale, ils n'ont pas besoin de se donner des cautions, puisque si la servitude n'est pas établie ils ne peuvent obtenir condamnation que pour leur part.

Passons aux stipulations de faits ; elles donnent aussi parfois lieu à des obligations indivisibles : par exemple le *de cujus* a promis, *per se heredemve suum non fieri quominus Titio per fundum suum agere liceat;* Caton exprime la même idée en deux mots, *iter fieri* (fr. 4, § 1, *De verb. oblig.*). Par cette promesse, le *de cujus* s'est obligé lui et ses héritiers à ne pas empêcher Titius d'*ire agere* ; bien plus, il s'est engagé à veiller, lui et son héritier, à ce que Titius puisse passer (fr. 50 pp., *De verb. oblig.*). Si l'un des héritiers du *de cujus* fait quelque chose contre la stipulation, ce n'est pas seulement contre lui que sera encourue la stipulation, mais elle sera encourue contre tous les cohéritiers, comme si tous ils avaient empêché Titius de passer; en effet, celui qui a empêché Titius de passer l'a empêché pour le tout et non pour partie, et Titius a autant souffert de la contravention d'un seul qu'il eût souffert de la contravention de tous. Mais comme tous peuvent être poursuivis à cause de la faute d'un seul, le juge de l'action *familiæ erciscundæ* a soin de leur faire donner caution les uns aux autres (fr. 25, § 12).

Selon Cujas (t. V, éd. Fabrot, col. 344) la stipulation *iter dari* diffère de la stipulation *iter fieri*, en ce que quand un des héritiers du promettant contrevient à cette dernière stipulation, ses cohéritiers ne sont pas tenus pour le tout, mais seulement proportionnellement a leurs parts héréditaires. Nous n'admettrons pas cette opinion, et nous croyons que cette différence entre la stipulation *iter dari* et la stipulation *iter fieri* n'existe pas. Selon nous, dans le cas de la stipulation *iter fieri*, si un des héritiers du promettant empêche le stipulant de passer, chacun de ses cohéritiers pourra être poursuivi pour le tout. En effet, les §§ 10, 11 et 12 de notre fr. 25 se suivent : le § 10 décide que chaque cohéritier pourra être poursuivi pour le tout; si Paul avait admis cette importante différence, il n'eût pas manqué de l'indiquer : bien loin de là, il dit, § 12, *in solidum committitur stipulatio.* D'ailleurs pourquoi distinguer?

En un mot, le juge force les cohéritiers de se donner mutuellement caution les uns aux autres, lorsqu'une chose ne peut être faite que pour le tout; ces cautions servent à assurer à celui qui exécute cette chose la rentrée dans ses déboursés, et à empêcher tous les cohéritiers de souffrir de la faute de l'un d'eux. Qu'il nous suffise de citer encore le cas où un créancier gagiste détient un objet héréditaire (fr. 25, § 14), et le cas d'une promesse avec clause pénale faite par le *de cujus*.

Examinons une hypothèse spéciale : Titius et Caïus sont héritiers, Caïus est un posthume du défunt, ou bien il a été pris par l'ennemi et n'est pas de retour, ou il est institué sous condition. Caïus ne peut être héritier avant sa naissance, son retour de chez l'ennemi ou l'avénement de la condition. Avant donc qu'il soit héritier, Titius intente la *petitio hereditatis* contre un possesseur de l'hérédité et triomphe, puis Caïus devient héritier; Titius a seul l'action *judicati*, c'est en son nom seul qu'a été intenté le procès, mais le juge de notre action fera céder à Caïus par Titius une part du gain que cette action lui a procurée; et si Titius ne reconnaît pas Caïus pour son cohéritier, il y aura lieu à la *petitio hereditatis* (fr. 7). De même, si pendant l'absence d'un des héritiers les autres vendent une chose héréditaire comme étant à eux seuls, ils seront tenus envers leur cohéritier de retour par l'action *familiæ erciscundæ* ou par la *petitio hereditatis*. Ce n'est pas à dire pour cela que ces deux actions concourent, ce qui n'est pas possible (fr. 1, § 1). Dans notre espèce précédente, Titius choisit, il peut à son choix reconnaître Caïus pour son cohéritier ou nier qu'il ait cette qualité. C'est à tort, selon nous, qu'un auteur dit que Titius doit avoir ce choix en vertu de la règle générale posée dans le fr. 10, § 6, *De jure dot.*, d'après laquelle dans les obligations alternatives le choix appartient au débiteur. En effet, les deux hypothèses sont différentes : dans le cas de notre fragment, une seule chose est due, il y a deux actions pour la poursuivre, et c'est au débiteur de choisir par laquelle des deux il sera poursuivi ; dans le fr. 10, § 6, au contraire, deux choses sont dues, il n'y a qu'une action, et le débiteur choisit entre les deux choses. Si Caïus était déjà devenu héritier au moment où Titius a agi contre le possesseur de l'hérédité, dans ce cas si Caïus n'empêche pas Titius d'agir pour le tout, quoiqu'il le pût, il faut décider par argument *à contrario* de la décision de notre fr. 7 *in fine*, qu'alors Titius n'est pas obligé de céder à Caïus une part du gain que cette action lui a procurée. On ne peut nous opposer le fr. 63, *De re judic.* : en effet, ce fragment parle du cas où un cohéritier agit *pro sua parte* et non du cas où il agit pour le tout : dans cette hypothèse, il n'est nullement étonnant que la sentence ne nuise pas à l'autre cohéritier. Nous avons supposé que Titius avait intenté une *petitio hereditatis*, à cause de ces mots : *si dixerit se heredem esse*. On peut également supposer que Titius a poursuivi un débiteur héréditaire par une action *mutui* ou *ex stipulatu*, ou même par une *petitio hereditatis*. Supposons que c'est une *petitio hereditatis* que Titius a intentée, il n'avait pas le droit de l'intenter pour le tout, puisque la propriété d'une partie de l'hérédité est en suspens (fr. 2, *Si pars her. pet.*). On nous oppose les fr. 10, § 1, *De adsig. liber.*, et 6, § 2, *De usuf. adcresc.* Nous répondrons qu'il faut distinguer l'hérédité même fidéicommissaire des legs et des fidéicommis. Supposons un légataire pur et simple et un légataire sous condition de la même chose : le premier semble, dès le principe, l'avoir tout entière, c'est seulement quand un autre vient concourir avec lui que *partes fiunt*; au contraire, lorsque nous avons un héritier pur et simple et un héritier conditionnel, le premier, dès le principe, n'a droit qu'à une partie de l'hérédité et ne peut demander plus.

XX. Les choses héréditaires entrent dans notre action pour être prélevées ou pour être partagées. Quelles règles le juge doit-il suivre dans le partage des biens? Ses pouvoirs sont à peu près illimités ; cependant il lui est recommandé de se conformer soit aux désirs des cohéritiers, soit à la volonté du défunt (fr. 21, *Com. div.*). C'est cette dernière qu'il doit suivre avant tout. Par exemple, lorsque le *de cujus* a déclaré vouloir que ses héritiers eussent chacun telle part, le juge devra lui obéir. Si le *de cujus* a divisé seulement une portion de ses biens, le juge s'occupe du reste et le distribue entre les héritiers proportionnément à la part pour laquelle chacun d'eux a été institué, lors même que le testateur n'aurait pas observé cette proportion dans le partage qu'il a fait lui-même (fr. 32). Et qu'on ne nous objecte pas la loi 21 au Code, qui porte que le juge doit partager par portions égales les biens laissés indivis : en effet, cette loi ne veut parler que du cas où les héritiers ont été institués pour des parts égales, ou de celui où ils ont été simplement institués sans que le testateur ait dit pour quelle partie ils le seraient.

Avant de procéder au partage, il faut estimer les biens (fr. 52, § 3, *Fam. ercisc.*, et fr. 10, § 2, *Com. div.*). Le juge ne doit rien laisser indivis (fr. 25, § 20), et il peut pour rétablir l'égalité condamner un des héritiers à payer une soulte (fr. 55 et 52, § 2). Il veille à l'éxécution des dispositions testamentaires appelées *modi*, qui manifestent une volonté formelle du testateur sans conférer de droits à personne : par exemple, l'ordre de vendre tel esclave en pays étranger, etc. (fr. 18, § 2 h. tit., et fr. 7, *De an. leg.*).

Relativement aux *tabulæ testamenti*, elles sont indivisibles; que fera le juge? Il les remettra à celui qui a la plus grande partie de l'hérédité, ou si tous sont héritiers pour parties égales, il les fera déposer dans un temple : une copie en est donnée à chaque héritier; et si c'est un d'eux qui est dépositaire de l'original, il leur donne caution de le leur représenter quand ils l'exigeront (fr. 4, § 3). L'héritier n'est pas tenu de remettre les *tabulæ* entre les mains d'un acheteur de l'hérédité ou d'un légataire : il doit simplement les lui montrer, lui laisser la faculté d'en prendre copie et lui donner caution (L. 24, *De fide.*, Cod.) de les lui représenter lorsqu'il le désirera. Le testateur peut, du reste, ordonner le contraire. Quant aux titres de créance, ils sont aussi remis à celui qui a la plus grande partie de l'hérédité ; les cohéritiers s'entendent entre eux lorsqu'ils sont institués pour des parts égales; et s'ils ne le peuvent, le sort en décide ; ou bien ils choisissent pour dépositaire un étranger; enfin ils peuvent les placer dans un temple (fr. 5 h. tit., et fr. 3, § 2, *De tab. exhib.*). Il faut en dire de même des comptes des recettes et dépenses dressés par le défunt. Les *tabulæ*, les titres de créance et les comptes de recettes et dépenses se ressemblent donc en ce qu'ils ne peuvent être partagés; toutefois il y a une différence entre les titres de créance et les comptes de recettes et dépenses : c'est que si le défunt a légué purement les premiers à l'un des héritiers, il semble que par là même il lui a légué la créance (fr. 44, § 5, *De leg.* 1°) ; au lieu que s'il a légué les seconds à l'un des héritiers, celui-ci n'aura droit qu'à ces papiers; ce legs ne lui donne aucune créance (L. 8 *De probationib.*), à moins que le défunt ne fût un *argentarius* (fr. 9, § 2, *De edendo*). En conséquence, lorsqu'un défunt non *argentarius* lègue ses comptes de recettes et dépenses à un étranger, ce legs ne lui est d'aucune utilité; mais ce legs fait à un des cohéritiers sert à empêcher tout désaccord relativement au choix d'un dépositaire. Bien entendu, ces papiers ne seront déposés chez lui qu'après qu'il aura donné caution de les représenter quand ce sera nécessaire, et que les cohéritiers en auront pris des copies: le fr. 8 pp. nous le prouve. Ce fragment parle aussi du cas où le testateur a légué par préciput l'esclave qui fait ses affaires : cet esclave ne doit être livré à l'héritier préciputaire qu'après qu'il aura rendu compte de son administration; de plus cet héritier doit donner caution de représenter l'esclave si l'on a besoin de lui. Cujas, à propos de ce fragment (éd. Fabr., t. IV, *pars prior*), fait remarquer qu'on doit lire *rationes sunt necessariæ vel actor* et non pas *actori*. En effet, dit-il, la phrase avec *actori* serait inexacte, puisque le défendeur peut avoir aussi bien que le demandeur besoin des pièces demandées; avec *actor* les mots *ad notitiam ejus spectantia* s'expliquent fort bien, sans lui ils sont inintelligibles.

Relativement à l'usufruit, on peut hésiter. A première vue il semble que l'action *familiæ erciscundæ* doit s'y appliquer, puisqu'il est divisible (fr. 1, § 9, *Ad leg. Falc.*). Bien entendu il ne s'agit pas de l'usufruit dont le défunt jouissait et qui s'est éteint avec lui, mais d'un usufruit qui a commencé avec les héritiers; par exemple, un fonds leur a été légué *deducto usufructu*, ou bien avant l'adition d'hérédité un usufruit a été légué à un esclave héréditaire : ce legs n'est valable que si les héritiers font adition, car l'usufruit étant un droit personnel, ne peut exister s'il n'appartient pas à une personne civile (fr. 18, *Quib. mod. ususf. amit.*). Cet usufruit qui a commencé avec les héritiers n'est pas partageable et susceptible d'entrer dans l'action *familiæ erciscundæ :* en effet, si l'on partage un usufruit, on le sépare des personnes auxquelles il était lié, on le fait donc mourir (fr. 15). Mais ce qu'on ne peut faire de plein droit, le juge le fait au moyen de cautions (fr. 16) : ainsi les héritiers se promettent les uns aux autres de ne jouir que de telle manière, sur telle région déterminée.

L'usufruit n'entre donc pas de plein droit dans l'action *familiæ erciscundæ* : ce qui constitue une nouvelle différence avec la *petitio hereditatis*, car elle comprend l'usufruit qui a commencé avec les héritiers. En effet, si la *petitio hereditatis* ne peut pas s'appliquer aux servitudes prédiales, c'est qu'elles ne donnent lieu à aucune restitution; mais quand il s'agit d'usufruit il peut y avoir des fruits à restituer (fr. 19, § 3, *De her. pet.*).

Le § 6 de notre fr. 25 examine trois hypothèses. Première hypothèse : le testateur était dans l'indivision avec Mævius relativement à tel fonds : le juge du partage ordonnera aux cohéritiers de livrer à l'un d'eux la part du *de cujus* tout entière, car s'il la partageait entre eux la position de Mævius serait aggravée. Seconde hypothèse : le testateur a légué une partie d'un objet dont il était propriétaire : le juge adjugera cet objet pour le tout à un des cohéritiers, afin que le légataire n'ait pas plusieurs copropriétaires. Troisième hypothèse : l'un des héritiers aliène avant la *litis contestatio* (fr. 13), non pas sa part d'hérédité, mais la part qu'il a dans tel fonds héréditaire :

ici encore le juge aura soin d'éviter à l'acheteur l'ennui d'avoir plusieurs copropriétaires ; et puis tant de subdivisions sont souvent d'ailleurs nuisibles à un bien. Notre fr. 54 porte que si un héritier aliène sa part dans tel objet héréditaire, le juge n'a à s'occuper ni de la partie aliénée ni de l'autre partie. Nous ferons remarquer que sans doute lorsque le débat existe entre le cohéritier aliénateur et ses cohéritiers le juge n'a pas à s'occuper de la partie non aliénée, puisque ce cohéritier n'a plus aucun droit sur elle ; mais il n'en est plus de même lorsque le débat existe entre les autres cohéritiers, puisque le juge doit avoir soin de l'adjuger pour le tout à l'un d'eux. *Doneau* (*De jud. div.*, ch. 11, § 3) pose ainsi le second cas : Le *de cujus* était copropriétaire avec Mævius de tel objet, et il en légue une partie à un de ses héritiers : ce n'est pas là le sens de la loi, elle emploie les mots *rei suæ* et non les mots *rei communis*, *suæ* doit nécessairement s'entendre d'une pleine propriété ; de plus elle dit *alicui legavit* et non pas *alicui heredi ;* enfin, si elle eût voulu parler d'un héritier, elle se fût servie du mot *prælegare*. Cet auteur établit mal la troisième hypothèse : Celui qui était copropriétaire avec le *de cujus*, dit-il, a été institué héritier par lui pour partie et a aliéné sa part avant la *litis contestatio*.

XXI. L'adjudication était un moyen civil de transporter le domaine et de l'acquérir. Festus (v° *Erctum*), Cicéron (*De leg.*, 1, 21), Nonius (v° *Jurgium*) et Gaïus (fr. 1) nous indiquent l'existence dans les Douze Tables de ce mode d'acquisition ; mais nous ignorons quelle dénomination il portait alors. Sous le système formulaire, remarquons que les parties ne sont pas *in jure* devant le magistrat, mais *in judicio* devant le juge : ce dernier n'attribue pas la propriété en disant le droit, mais en jugeant, *non addicit, sed adjudicat.* Ce moyen d'acquérir le domaine romain était d'ailleurs commun tant aux choses *mancipi* qu'aux choses *nec mancipi* (Ulp., *Reg.*, 19, 16).

Lorsque le partage est difficile à opérer, le juge recourt à une licitation, et les étrangers y sont admis si l'un des copartageants le réclame à cause de son peu de fortune (L. 3, Cod., *Com. div.*) : la chose est adjugée à celui qui pousse l'enchère le plus haut (fr. 22, § 1).

Quand le juge croit devoir faire des adjudications, il peut ou adjuger à chacun des héritiers des portions du même fonds qu'il aura divisé en plusieurs parties, ou leur adjuger des choses distinctes (fr. 22, § 2, et L. 1, Code 3, 37) ; mais certaines choses ne sauraient être séparées les unes des autres, ainsi un enfant de ses parents, un frère de sa sœur, une femme de son mari (L. 11, Code, 3, 38). Le juge a le pouvoir d'imposer par adjudication une servitude à un fonds héréditaire en faveur d'un autre fonds héréditaire (fr. 22, § 3 h. tit. ; fr. 7, § 1, *Com. div.*, et fr. 22, § 3, *Sed si*) ; cependant il doit le faire dans l'adjudication même de ce fonds, car s'il l'a adjugé sans déclarer qu'il sera soumis à telle servitude, il ne peut plus l'y soumettre, ce fonds ayant cessé, par suite de l'adjudication, d'être en son pouvoir (fr. 22, § 3).

Le juge, en adjugeant telles et telles choses à chacun des héritiers, fait la compensation du prix de ces choses, et celui auquel la chose a été adjugée pour un prix supérieur aux autres est condamné à payer tant à ses cohéritiers pour que l'égalité soit rétablie (fr. 52, § 2).

Toutes les actions et exceptions qui naissent de la chose adjugée appartiennent à l'adjudicataire (fr. 44, § 1).

Quand un *ager vectigalis* est indivis, le juge devra l'adjuger en entier et non pas régions divisées, afin de ne pas compliquer la perception de la redevance en établissant plusieurs redevables au lieu d'un seul (fr. 7 pp., *Com. div.*). Ici l'adjudication transfère le droit entier d'emphytéose à l'adjudicataire, comme cela arrive pour le droit de propriété, et à la différence de ce qui a lieu pour l'usufruit indivis à l'égard duquel l'adjudication ne transporte pas le droit lui-même, mais règle seulement le mode de jouissance, l'usufruit continuant de reposer individuellement sur toutes les têtes.

Le juge ne s'occupe pas seulement des prestations qui peuvent être dues à l'occasion d'un objet qui est chez l'ennemi, mais encore de l'objet lui-même : en effet, nous pouvons reprendre cet objet sur l'ennemi. C'est à cause de cette espérance qu'il est permis de léguer cet objet, de le vendre, de le promettre à un stipulant (fr. 55, *De act. empt.*), et que la liberté peut être donnée à un esclave qui est chez l'ennemi (fr. 30, *De manum. test.*). Le juge pourra adjuger cet objet après l'avoir estimé à sa juste valeur : en effet, l'adjudication se fait par paroles et non *re*. La valeur des Romains leur permettait de compter sur la reprise de ces objets, et cette adjudication du juge était comme un bon présage, comme un augure favorable. Celui auquel cet objet était adjugé recevait de ses cohéritiers caution qu'il serait indemnisé si l'objet n'était pas recouvré. Quelquefois aucune caution ne lui était donnée : nous voulons parler du cas où l'objet n'avait pas été estimé à sa juste valeur, c'est-à-dire où il avait été tenu compte dans l'estimation des mauvaises chances : alors l'adjudicataire gagnait si l'objet était repris sur l'ennemi, attendu qu'il avait été estimé très-bas; il perdait et était sans recours dans le cas contraire.

Le juge a adjugé : *fundum Primo usumfructum Secundo* (fr. 6, § 10, *Com. div.*) : Primus n'aura que la nue propriété du fonds, il ne peut aucunement prétendre à une partie de l'usufruit (fr. 16, § 1). Pourquoi décider autrement que pour les legs ? C'est que d'abord il serait bizarre qu'un juge appelé à faire cesser l'indivision en créât une nouvelle ; d'ailleurs rien n'empêche le testateur de donner plus à l'un qu'à l'autre, il en est autrement du juge.

Notre fr. 22, § 2, s'exprime ainsi : « *Regionibus divisum fundum posse adjudicare secundum divisionem.* » Comment entendre ces mots *secundum divisionem?* Selon un auteur, il faut ajouter *a testore factum.* Pour nous, nous sous-entendrons le mot *naturalem:* ainsi, lorsque le fonds est couvert de plantations différentes, par exemple de vignes, d'oliviers, etc., le juge peut adjuger à l'un les vignes, à l'autre les oliviers.

L'usufruit ne pouvait être établi par l'adjudication (fr. 6, § 1, *De usufr.*) du temps des jurisconsultes que s'il s'agissait d'un *legitimum judicium* (Gai., 4, § 104). A quoi pouvait tenir cette différence entre les *judicia legitima* et les *judicia imperio continentia?* La loi *Julia judiciaria* avait réglé la mission du juge quant à la durée (Gai., 4, § 104), et sans doute aussi sous d'autres rapports : les pouvoirs de ce *judex*, en quelque sorte *lege datus*, reposant sur le *legitimum jus*, il pouvait conférer le *dominium ex jure quiritium.* Au contraire, dans les *judicia quæ imperio continentur*, c'est sur la durée de l'*imperium* du magistrat que se réglait la durée de l'instance judiciaire, c'est du pouvoir de ce magistrat qu'émanait le pouvoir du *judex:* en conséquence il ne pouvait pas plus que ne le pouvait le magistrat lui-même conférer le *dominium ex jure Quiritium*, il mettait simplement la chose *in bonis* de l'adjudicataire.

L'usufruit pouvait être conféré jusqu'à un terme fixe ou jusqu'à un événement incertain (*ad certum tempus aut ad conditionem*) par adjudication (fr. 48, *Vatic.*). Le jurisconsulte ne dit pas *et ad conditionem*, mais le principe est le même (Conf. le fr. 49, *Vatic.*). Pouvait-il être conféré à partir d'un terme fixe ou de l'événement d'une condition (*ex certo tempore* ou *ex conditione*)? Il était valablement conféré ainsi par legs; les jurisconsultes étaient unanimes sur ce point. Mais l'était-il par cession juridique et par adjudication? Les jurisconsultes étaient partagés. Ceux qui tenaient pour la négative alléguaient comme raison qu'une action de la loi n'est pas donnée pour un droit futur, c'est-à-dire que, dans une *in jure cessio*, qui reproduit les formes de la revendication par *legis actio sacramenti*, le concessionnaire doit affirmer qu'il a le droit d'usufruit actuellement, et non pas qu'il l'aura à telle époque future. Les autres s'appuyaient sur la force des conventions. Paul penche pour la négative (fr. 49, *Vatic.*), et Ulpien (fr, 16, § 2) est pour l'affirmative. On ignorait cette controverse avant la publication des *Vaticana fragmenta.*

Quant à l'adjudication, qui ne paraît pas être l'image d'une *legis actio* (cependant le passage de Paul pourrait le faire croire), on conçoit que le juge, qui n'a à s'occuper que des droits actuels des parties, ne leur confère également que des droits actuels. On peut ajouter que les actes solennels consacrés par le très-ancien droit (*actus legitimi*), même quand ils ne se rattachent pas aux *legis actiones*, n'admettent pas de termes ni de condition (Papin., fr. 77, *De reg. jur.*; Vatic., 239, et M. Pellat, *Propr.*, p. 54).

Cette limitation de la durée de l'usufruit ne souffrait de difficulté qu'à raison des formes des actes par lesquels ce droit s'établissait, et non par l'idée qu'on attachait au droit lui-même. Temporaire de sa nature, devant s'éteindre par la mort ou le changement d'état de la personne qui en était investie, on trouvait tout simple que l'instant où il devait commencer fût retardé, que celui où il devait finir fût avancé par la volonté des parties. Aussi quand le mode de constitution le comportait, comme dans le legs, l'apposition d'un terme ou d'une condition paraissait tout à fait compatible avec la nature de l'usufruit, et il commençait et finissait *ipso jure* à l'époque indiquée (M. Pellat, *Propr.*, p. 57). Au contraire, les servitudes prédiales étant considérées comme perpétuelles de leur nature, parce qu'elles sont attachées, non à une personne dont la vie est bornée, mais à un immeuble dont l'existence est indéfinie, les Romains regardaient les limitations de temps, que le juge aurait voulu y apporter, comme contraires à leur nature, comme blessant les principes du droit civil. L'adjudication était annulée (suivant Paul) par l'addition d'un *dies* ou d'une *conditio ex qua*: partant, point de servitude. S'il y avait un *dies* une *conditio ad quam*, la servitude était constituée, mais purement, le terme ou la condition ne pouvant en modifier la nature *ipso jure*. Mais le droit prétorien admettait ces modalités: et celui qui revendiquait cette servitude, soit avant le terme ou la condition *ex qua*, soit après le terme ou la condition *ad quam*, était repoussé par l'exception de pacte ou de dol (fr. 4, *De servitutib.*)

Examinons l'hypothèse prévue par notre fr. 34. Un homme a institué pour héritiers Caïus et Mævius, et a prié Caïus, sous condition, de restituer l'hérédité, c'est-à-dire sa part à Sempronius. Tandis que la condition du fidéicommis est pendante, les héritiers exercent l'action *familiæ erciscundæ* : parmi les objets héréditaires se trouvent des esclaves, et le juge, après les avoir estimés (fr. 52, § 3), les adjuge tous à Caïus, à condition qu'il payera à Mævius une somme d'argent pour sa part de ces esclaves. Puis, la condition du fidéicommis étant toujours pendante, deux esclaves meurent ; enfin la condition s'accomplit : Caius devra-t-il payer à Sempronius la valeur des esclaves décédés? On a adjugé, dira-t-on, à Caïus ces esclaves après les avoir estimés, c'est donc un acheteur (fr. 7, § 13, *Comm. div.*) : or c'est pour l'acheteur que périt la chose achetée. On répondra que Caïus n'a, pour faciliter le partage, acheté qu'une partie de ces esclaves ; il ne les possède pas tout entiers à titre d'acheteur, il n'a acheté que la partie de ces esclaves qui était à son cohéritier Mævius. Le débat ne peut donc porter que sur cette partie que Caïus possède à titre d'acheteur. Quant à l'autre, la partie héréditaire, celle qu'avait l'héritier fiduciaire Caïus, elle est bien certainement périe pour le fidéicommissaire Sempronius (fr. 22, § 3, *Ad sc. Trebel.*). Qui souffrira de la perte de la partie que Caïus tient de l'adjudication? Caïus ou Sempronius? Caïus dit qu'il ne doit rien supporter, en effet il n'a pas fait un simple achat, s'il a acheté c'est pour faciliter le partage, ce qui est bien différent (fr. 20, § 3 hoc tit., et fr. 2, *De distrac. pignor.*) ; s'il a acheté, c'est qu'il y a été forcé (fr. 29). Cette perte sera supportée par Caïus et Sempronius, pour un quart par le premier, pour trois quarts par le second. Papinien donne dans le fr. 7, § 4, *De leg.* 2°, la même décision que celle qu'il donne dans notre fr. 34. Ce texte vient confirmer le notre. C'est là la manière dont les auteurs grecs ont expliqué notre fragment. D'autres auteurs l'entendent ainsi : Un homme a institué deux héritiers et a mis à leur charge de restituer les esclaves héréditaires à Sempronius si tel événement s'accomplissait ; les hériters intentent l'action *familiæ erciscundæ*, et comme tant que la condition est pendante les esclaves appartiennent en commun aux héritiers, le juge les estime et les adjuge pour le tout à l'un des héritiers Caïus *cum sua causa* (fr. 12, § 2) : il y a eu une licitation entre eux. L'héritier qui l'emporte dans la licitation achète ces esclaves à son cohéritier : il ne lui paye pas de prix, mais il lui donne caution qu'il lui en payera un si la condition ne s'accomplit pas, si en un mot il n'est pas forcé de restituer les esclaves au fidéicommissaire. Avant que l'événement arrive, les esclaves meurent : ces esclaves périssent pour l'héritier et pour le fidéicommissaire. Quant au fidéicommissaire, un fidéicommis ou un legs conditionnel est éteint si avant l'accomplissement de la condition l'objet légué ou grevé de fidéicommis vient à périr ; quant à l'héritier, ces auteurs disent que la perte l'atteint, puisque le prix que l'adjudicataire avait promis de payer à son cohéritier ne lui sera pas payé : l'adjudicataire ne souffre pas, parce qu'il n'a pas acheté simplement, mais il a voulu faciliter le partage.

Nous n'admettons pas cette explication de notre fr. 34. En effet, d'abord le prix de la licitation est payé de suite (fr. 15, § 7, *De re jud.*) De plus, celui qui l'emporte dans la licitation et garde la chose reçoit caution d'être indemnisé (fr. 23), il n'a à cautionner personne. Cependant nos adversaires disent que l'adjudicataire ne payera pas de suite, mais donnera caution de payer : la loi ne dit rien de tel ; ce n'est pas une espérance qu'achète Caïus, il achète pour faciliter le partage. Même si nous allons jusqu'à admettre que les choses se passent ainsi, il n'est pas possible de décider qu'après la mort de ces esclaves aucun prix ne sera payé par Caïus, car vous dites que son cohéritier l'a stipulé de lui ; or une stipulation ne s'éteint que par certains modes limitativement déterminés (fr. 44, § 1, *De oblig. et act.*), et ce mode n'est nulle part indiqué comme produisant un tel effet.

Enfin ces mots de notre texte, *tam heredi quam fideicommissario deperiisse*, sont décisifs : le rapprochement du fidéicommissaire indique bien que notre texte veut parler de l'héritier qui doit le fidéicommis et du fidéicommissaire auquel il est dû, de l'héritier auquel ont été adjugés les esclaves, et non de celui auquel un prix serait dû. Il faut donc entendre la loi comme parlant, non d'un fidéicommis à titre singulier de quelques esclaves, mais d'un fidéicommis universel, d'un fidéicommis d'hérédité ; car si ce fidéicommis ne comprenait que des esclaves, le fidéicommissaire en supporterait seul la perte, et non l'héritier, à moins que la Falcidie ne fût en jeu, ce qui n'arrive pas toujours pour un fidéicommis particulier ; à la différence d'un fidéicommis d'une hérédité, qui force toujours à s'occuper de la Falcidie (fr. 77, *ad leg. Falcid.*), même lorsque le testateur a ordonné à un de ses héritiers de restituer seulement la partie pour laquelle il a été institué : en effet, la Falcidie est calculée vis-à-vis de chaque héritier séparément. La perte des esclaves sera donc supportée pour un quart par l'adjudicataire, pour trois quarts par le fidéicommissaire.

Occupons-nous de l'adjudication du gage, le fr. 29, qui en parle, présente des difficultés. Une chose avait été donnée en gage au *de cujus*, ses deux héritiers, Primus et Secundus, succèdent chacun pour moitié à la créance, qui était ainsi garantie.

Le juge de l'action *familiæ erciscundæ* aura à s'occuper de ce gage, bien qu'il ne puisse être partagé en nature, puisqu'il appartient à autrui : en effet, le débiteur qui a donné en gage un objet en reste propriétaire. Comment le juge fera-t-il? Le fr. 7, § 12, *Com. div.*, répond à cette question : Si la valeur de l'objet donné en gage est supérieur au montant de la créance, s'il vaut 1200 et que la créance soit de 1000, celui au profit duquel se fera l'adjudication devra payer à son cohéritier 500 et non 600 : en effet, il n'acquiert pas la propriété du gage, mais seulement le droit de le faire vendre pour se faire payer sur le prix. Si, au contraire, la valeur du gage est inférieure au montant de la créance, s'il vaut 800 et que la créance soit de 1000, le juge l'adjugera pour le tout à celui des cohéritiers qui offrira le prix le plus considérable, à la charge par lui de payer à son cohéritier la moitié de ce prix. Primus est l'adjudicataire, il ne recevra pas de caution de Secundus : en effet, le débiteur ne peut pas attaquer l'adjudicataire par l'action *pigneratitia directa* et lui dire : Le gage est divisible du côté des créanciers, vous ne pouvez exiger de moi que la moitié de ce que je devais au défunt. Il ne peut plus tenir ce langage après l'adjudication du gage, il serait repoussé par l'exception de dol, car il doit indemniser le créancier des dépenses utiles qu'il a faites pour se maintenir en possession.

Nous avons dit que l'hypothèque se divisait du côté des créanciers : nous croyons qu'il en était ainsi du temps des jurisconsultes classiques. Le gage est indivisible du côté des débiteurs ; un héritier du débiteur ne peut, en payant sa part dans la dette, reprendre sa part dans le gage (fr. 8, § 2, *De pign. act.* et L. 16, Code, *De distr. pign.*) ; mais quand c'est un créancier qui meurt, le droit réel de gage éprouve le même sort que les autres corps héréditaires, il tombe dans l'indivision et ne peut en sortir que par une adjudication. Valérien et Gallien (L. 1, *Si unus ex plurib.*, Code) ont les premiers fait cesser cette manière de voir. Dans notre espèce, il y a eu translation à Primus du droit de gage quant à la portion indivise de la chose engagée qui garantissait Secundus ; l'adjudication est nécessaire pour donner à Primus l'action Servienne sur toutes les parties du gage. Si l'on n'admet pas notre opinion, si l'on prétend que chaque héritier du créancier a un droit réel sur la totalité du gage, alors qu'on nous dise l'utilité de la licitation ou de l'adjudication que suppose notre fragment ; il suffisait de déterminer qui des deux devait payer l'autre, et de faire faire le payement, l'un étant désintéressé, l'autre était de plein droit subrogé. De plus, l'hypothèque d'une portion indivise se trouve dans beaucoup de textes (fr. 8, § 3 et § 4; fr. 7, § 3 et § 4, *Quib. mod. pign.*) Le fr. 24, § 4, *De pign act.* est pour nous ; en effet, lorsqu'un des héritiers a été payé, si les autres conservent le droit d'hypothèque sur la chose entière, pourquoi sont-ils forcés de faire des offres au débiteur de ce qu'il a payé? Deux textes (fr. 10 et 16, § 8, *De pign.*) supposent des droits de gage établis simultanément sur une même chose. Le fr. 7, §§ 12 et 13, *Com. div.*, est en notre faveur : dans le premier paragraphe Ulpien dit qu'on doit estimer ce qui est dû pour la part du gage : c'est donc que, par la mort du créancier, chaque portion héréditaire de la créance se trouve limitée à une portion indivise du gage ; de plus, si l'hypothèque est indivisible activement, il est naïf de dire que le débiteur peut *debitum offerre et pignus suum luere*, et puis les mots *divisio* sont décisifs. Dans le fr. 15 il s'agit de deux copropriétaires par indivis, et la solution est la même que dans notre fr. 29 : nos deux cohéritiers sont donc dans l'indivision.

L'adjudicataire Primus est dans une position semblable à celle d'un tiers détenteur qui, poursuivi par un créancier hypothécaire, paye la *litis æstimatio*, et se défend ensuite par une exception contre le débiteur qui revendique.

Jusqu'ici pas de difficultés. Elle commence à ces mots : « Contra quoque si is heres cui pignus adjudicatum est, velit totum reddere; licet debitor nolit, audiendus est. Non idem dici potest, si alteram partem creditor emerit : adjudicatio enim necessaria est, emptio voluntaria : nisi si objiciatur creditori, quod animose licitus est, sed hujus rei ratio hahebitur : quia quod creditor egit, pro eo habendum est, ac si debitor per procuratorem egisset et ejus, quod propter necessitatem impendit, etiam ultro est actio creditori. »

La discussion porte sur *contra* et sur *totum reddere*. Un auteur éminent traduit ainsi : *De même si l'héritier adjudicataire exige que la dette soit payée tout entière, il sera écouté malgré le débiteur*. En effet, dit-il, *contra* n'indique pas nécessairement la transition à une idée opposée, et il est quelquefois employé dans le sens de *rursus*. Paul vient d'assimiler le cohéritier adjudicataire au tiers détenteur qui se défend par une exception, et il continue sa comparaison dans la phrase *contra quoque*, etc. : c'est donc d'une défense, d'une exception contre l'action *pigneratitia directa* qu'il s'agit.

Cujas (éd. Fabrot, col. 353 et 354, t. V) traduit ainsi : Si l'héritier adjudicataire veut rendre par l'action *pigneratitia contraria* tout le gage au débiteur, il sera écouté, quoique ce dernier s'y oppose. Pour prouver que c'est là le véritable sens, on peut dire que le mot *contra* est synonyme de *ex diverso*, *ex contrario*, et que ces mots sont pris dans le sens d'action contraire, par exemple dans les fr. 2 et 49, *De neg. gest.*

Nous nous rallions à l'opinion de Cujas, et nous pensons avec lui que Paul, dans cette phrase *contra*, etc., veut indiquer une différence entre le tiers détenteur et l'adjudicataire. Le tiers détenteur qui a payé au créancier hypothécaire la *litis æstimatio* n'a pas d'action contre le débiteur, il n'a qu'une exception, à la différence de notre adjudicataire. Nous ne dirons pas que, dans l'opinion adverse, la phrase *contra*, etc., serait une redondance, nous n'argumenterons pas du point qui est avant *contra;* nous nons contenterons de faire remarquer que le mot *audiendus* est plus facile à entendre dans le sens d'une action.

Mais si l'un des cohéritiers voulant avoir à lui seul la possession de l'objet donné en gage achète de son cohéritier sa moitié dans cet objet, il n'aura pas contre le débiteur une action *pigneratitia contraria*, mais seulement une exception. En effet, quoique l'adjudication ressemble à la vente puisque l'objet est estimé et que l'adjudicataire est condamné à payer une somme d'argent, cependant tandis que l'adjudication est forcée, la vente est volontaire. On dira au cohéritier acheteur: Pourquoi avez-vous acheté?

Dans un cas d'adjudication pourtant, le cohéritier n'aura pas d'action : c'est s'il a fait monter l'enchère à un prix immodéré. Le juge apprécie, car cet adjudicataire est en quelque sorte le mandataire du débiteur : or un mandataire a une action pour se faire rembourser les dépenses nécessaires qu'il a faites, donc le cohéritier adjudicataire doit aussi avoir une action contre le débiteur pour se faire payer le prix que lui a coûté l'adjudication.

Telle est l'explication de Cujas ; elle nous semble naturelle. Notre fragment dit en termes formels que le créancier peut réclamer par une action ce qu'il a dépensé forcément pour la conservation du gage.

Qu'opposent nos adversaires à cet argument? Ils nous disent que cette action n'est mentionnée qu'à la fin, et qu'il ne s'agit plus d'ailleurs de notre hypothèse de deux cohéritiers d'un créancier gagiste. Paul avant cette phrase s'occupe du cas où le débiteur a donné en gage un objet dont il était copropriétaire par indivis, et le créancier gagiste achète la partie dont le débiteur n'était pas propriétaire : il faut distinguer si ce créancier y a été forcé par suite d'une adjudication provoquée contre lui ou non. Cette hypothèse, ajoutent-ils, est bien différente de la vôtre, car vos deux cohéritiers ne procèdent à une adjudication que pour leur commodité, et rien ne force un cohéritier à surenchérir : s'il ne détient plus le gage, il recevra en échange sa part de créance, ou du moins la valeur du gage.

Nous répondons d'abord que rien ne force non plus

le créancier gagiste d'un propriétaire indivis à surenchérir : s'il ne détient plus le gage, il recevra en compensation une partie du prix de la licitation. Nous ajoutons que si l'adjudication n'est pas indipensable le juge n'y consentira pas. D'ailleurs l'autre explication force de sous-entendre beaucoup de mots et rend le texte fort obscur, avec la nôtre on ne sous-entend rien et tout se suit et s'enchaîne. Nous croyons enfin avoir déjà prouvé que l'action que nous accordons à l'adjudicataire est mentionnée non pas seulement à la fin du fragment, mais encore dès le début.

Un auteur éminent dit qu'il serait exorbitant que la mort du créancier aggravât la position du débiteur au point de lui faire perdre le bénéfice du terme et de l'exposer à une action immédiate. Nous le reconnaissons avec lui, nous sommes entièrement de son avis sur ce point.

Ulpien nous prévient que l'action Publicienne est accordée à un adjudicataire (fr. 7, *De Public.*), et Marcellus nous dit que lorsque le *de cujus* n'était pas propriétaire de tel fonds, son héritier trouve dans l'adjudication de ce fonds une *justa causa usucapiendi* (fr. 17, *De usurp.*). N'y a-t-il que ce cas où l'action Publicienne soit accordée à un adjudicataire ? Paul nous dit, fr. 44, § 1 : *Adjudicationes prœtor detur actiones aut exceptiones dando :* évidemment il ne pense pas au cas dont parle Marcellus : en effet, le préteur ne peut pas accorder à l'adjudicataire une exception contre l'action du véritable propriétaire, qui ne doit pas souffrir de ce que sa chose a été partagée entre des personnes qui n'y avaient aucun droit. Nous croyons que Paul a en vue le cas où le juge a adjugé l'usufruit ou même la propriété d'une chose dans un *judicium quod in imperio continetur*, car, dans ce cas, il a simplement mis la chose *in bonis* de l'adjudicataire, qui sera protégé par une exception ou même une action Publicienne.

Ceci posé, il s'élève une question vivement débattue. Nous avons d'un côté Vinnius (*Selec. quest.*, L. 1, ch. 27), Noodt (2, p. 203), etc.; de l'autre M. Pellat (*Propr.*, p. 456), Voet (h. tit.), Savigny (4, p. 246), Cujas, etc. L'adjudicataire peut-il aussitôt après l'adjudication exercer l'action Publicienne, comme il exercerait incontestablement la revendication? Oui, selon les premiers. Mais Vangerow ajoute cette condition que le *de cujus* ait été en possession lui-même du fonds adjugé, car il serait par trop singulier qu'on pût par un legs procurer à quelqu'un l'action Publicienne pour une chose appartenant à autrui qu'on ne possède même pas. Il ne va pas jusqu'à exiger, comme le fait un autre jurisconsulte, une *bonæ fidei possessio* chez l'auteur ; ce n'est pas plus nécessaire ici que dans le cas d'acquisition par tradition (fr. 5 pp., *De div. temp. præscr.*). Leur principal argument est celui-ci : le préteur n'a parlé dans son édit que de la tradition et de l'usucapion parce qu'il n'a pensé qu'aux cas les plus ordinaires.

Nous répondrons avec les auteurs opposés que ce système viole le principe même qui sert de base à l'action Publicienne. En effet, qu'est-ce que cette action? quel est son but? Elle sert à recouvrer une chose dont on a perdu la possession avant de l'avoir usucapée, et elle est fondée sur la fiction que l'usucapion commencée est achevée. Or l'usucapion ne peut commencer sans la possession (fr. 25, *De usurp.*). Il est donc indispensable que l'adjudicataire soit entré en possession, sinon par tradition, au moins par quelque autre moyen irréprochable (fr. 8, *Pro leg.*), c'est-à-dire qu'il se soit mis de lui-même en possession, mais avec l'assentiment de ses cohéritiers ; autrement il pourrait être forcé par un interdit de leur restituer la possession.

XXII. Le partage est, en droit romain, translatif de propriété. L'adjudicataire d'un immeuble de la succession est, quant à sa part indivise à lui, possesseur à titre d'héritier, et quant à celle de ses cohéritiers sur ce fonds, possesseur à titre particulier. Que devrons-nous donc décider dans le cas où cet immeuble n'appartenait pas au *de cujus*, qui en était seulement en possession, surtout si nous supposons le défunt de mauvaise foi et l'adjudicataire de bonne foi, ou à l'inverse ? Nous croyons que, dans la première hypothèse, l'adjudicataire ne prescrira pas sa part, mais seulement celle qu'il tient de ses cohéritiers, et dans l'hypothèse inverse, il ne prescrira que sa part.

Le partage était attributif de propriété, en conséquence les aliénations ou les hypothèques consenties par l'un des cohéritiers pendant l'indivision n'étaient pas anéanties par le partage : ainsi Primus et Secundus sont cohéritiers, Primus frappe d'hypothèque sa part indivise de propriété sur le fonds A : si tout ce fonds ou même une partie matériellement distincte de ce fonds passe à Secundus, il sera tenu de cette hypothèque (fr. 7, § 4, *Quib. mod. pignor.*). Le juge ne peut-il l'empêcher ? Trebatius (fr. 31, *De usu et usuf.*) voulait qu'après le partage l'hypothèque fût en quelque sorte cantonnée, qu'en un mot le juge pût déplacer l'assiette de l'hypothèque sans le consentement du créancier. Ce système ne pouvait être admis. Le juge de notre action ne peut pas altérer le droit d'une partie étrangère à l'instance. Lorsqu'un débiteur échange un immeuble hypothéqué, les hypothèques qui le grèvent ne peuvent être transportées, sans le consentement du créancier, sur l'immeuble acquis en contre-échange : pourquoi donc décider autrement ici? L'hypothèque crée un droit réel, donc celui-ci doit survivre aux aliénations opérées par le débiteur, et le partage, en droit romain, n'est qu'une aliénation. Sans doute cette opinion qui prévalut est nuisible à la sécurité des partages. Aussi Ulpien nous indique un moyen d'éviter cet inconvénient (fr. 6, § 8, *Com. div.*) : le juge prend en considération la charge qui grève la part indivise d'un des cohéritiers, et il n'estime les biens que déduction faite du montant de la dette hypothécaire; mais on ne peut procéder ainsi que lorsque l'existence de l'hypothèque a été révélée par celui qui l'a constituée. Tout cohéritier peut également constituer un droit d'usufruit sur sa part, et il est certain que ce droit frappera *pro indiviso* chacun des objets héréditaires (fr. 43, *De usuf. et quem.*) : il servira de base à l'action confessoire contre les adjudicataires qui le contesteraient. Quant aux servitudes, comme on ne peut se figurer une servitude s'exerçant sur une portion indivise de maison ou de champ, la concession d'un seul des cohéritiers serait nulle (fr. 18, *Comm. præd.*).

XXIII. Lorsqu'un des héritiers est évincé de la part qui lui a été assignée, il peut actionner ses cohéritiers afin d'être indemnisé, qu'il s'agisse d'un partage judiciaire ou d'un partage à l'amiable : en effet, on peut se plaindre de l'éviction d'une chose lorsque c'est à titre onéreux qu'on l'a acquise, et le partage d'une hérédité est une acquisition à titre onéreux, attendu que si l'héritier évincé a eu cet objet, ses cohéritiers ont eu en compensation des objets d'une valeur égale. Dans un partage l'acquisition d'un cohéritier a pour cause l'acquisition que font de leur côté les autres cohéritiers; donc si l'un d'eux n'a en réalité rien acquis, il doit être indemnisé. Antonin a dit : « Divisionem prædiorum vicem emptionis obtinere placuit. » (L. 1, Cod., *Com. utr.*) Les copartageants se doivent garantie comme pour la vente. Bien plus, dans le partage judiciaire le juge doit forcer les cohéritiers à se cautionner mutuellement contre le cas d'éviction (fr. 25, § 1). Dans le cas d'éviction on agit par l'action *ex stipulatu dupli* s'il y a eu des stipulations d'échangées, sinon on a recours à l'action *in factum præscriptis verbis* (*Com. utr.*, L. 7, Cod., et L. 14, Cod. h. tit.). Lorsqu'il n'y a pas eu de stipulation, quel sera le *quantum* de cette garantie? Le fr. 65, § 3, *De evict.* nous apprend qu'on estime la valeur de la chose et de ses accessoires au moment du partage. Le testateur a-t-il fait un legs par *préciput*, en cas d'éviction, le cohéritier préciputaire n'a pas d'action pour cause d'éviction, puisque son acquisition a été à titre gratuit; mais il obtiendra par l'action *ex testamento* la valeur de la chose léguée si le testateur a su qu'elle ne lui appartenait pas (fr. 77, § 8, *De leg.* 2°).

Un homme se croit seul héritier et administre pendant plusieurs années les biens héréditaires, puis il est reconnu qu'il a un cohéritier, et il est poursuivi en partage : que fera le juge dans cette hypothèse? Il appliquera la règle générale posée par le sénatus-consulte Juventien (fr. 25, § 19, *De her. petit.*) : le possesseur de bonne foi doit restituer tout ce dont il se trouve enrichi au moment où notre action est intentée; s'il a vendu l'hérédité et qu'il soit créancier du prix, il devra seulement céder une partie de son action (fr. 20, § 17, *De her. pet.*), mais aussi il ne doit pas être constitué en perte par l'exercice de notre action; il devra être indemnisé de toutes les dépenses qu'il a faites, même de celles de pur agrément (fr. 39, § 1, *De her. pet.*); de plus son incurie, sa négligence même ne peuvent pas lui être reprochées (fr. 31, § 3, *De her. pet.*). Supposons le cas inverse. Primus croit Secundus son cohéritier, et le juge du partage adjuge toute l'hérédité à Primus à la charge de payer une certaine somme à Secundus, et Primus la paye; mais il vient à découvrir que Secundus n'est pas son cohéritier, et il veut répéter cette somme, le peut-il? Non, nous dit formellement notre fr. 36. Cependant sous Justinien, dans l'action *judicati*, la condamnation n'est plus prononcée au double contre le défendeur qui a nié : or c'est là le motif qui a inspiré la décision de notre fr. 36 comme nous espérons pouvoir le démontrer, donc la décision de notre fragment ne peut plus être invoquée sous Justinien. On se récrie : c'est à cause de l'autorité de la chose jugée que la *condictio indebiti* est refusée, nous dit-on, et cette autorité est si grande que ce qui a été payé en vertu d'une sentence ne peut être répété quand même il serait prouvé qu'elle a été mal rendue (fr. 29, § 5, *Mand.*). Nous répondrons que ce n'est pas là le motif qui a inspiré notre décision : la preuve, c'est que le jurisconsulte dit que le *judicium familiæ esciscundæ* était nul et par conséquent la sentence aussi. Si notre jurisconsulte décide, fr. 36, qu'il n'y a pas lieu à répétition, c'est, il le dit en propres termes, parce que, quoique la sentence soit nulle, cependant Primus a payé *ex causa judicati*. Celui qui payait une chose qu'il ne devait pas *ex causa in qua lis per inficiationem in duplum crescit* ne pouvait répéter (L. 4, Cod., *De cond. indeb.* et § ult. Inst., *De obl. q. q. ex. c.*). On disait dans ce cas qu'on n'avait pas payé sans cause, qu'on voulait acheter la tranquillité : c'était analogue à une transaction, mais ce n'était pas une transaction dans le sens propre du mot, puisqu'il n'y avait pas eu une convention avec l'autre partie. Or, parmi ces causes se trouvait la *causa judicati* qui était même le type des autres (*Sent. de Paul*, 1, 19, § 1). Notre fragment est ainsi conçu : « Quamvis non sit » judicium, tamen sufficit ad impediendam condemna- » tionem, quod quis se putet condemnatum. » Quoi de plus formel ? De plus le jurisconsulte examine le cas où ce partage aurait été effectué sans l'intervention du juge, et accorde la répétition en disant : *Non enim transactum inter eos intelligitur.* Il insinue donc que dans le premier cas celui qui a payé parce qu'il se croyait condamné a fait une sorte de transaction avec son adversaire. Mais on nous fait une nouvelle objection : Si un *non dominus* agit en revendication et gagne son procès, la sentence est inattaquable : or la revendication n'est donnée qu'au propriétaire, de même que l'action *familiæ erciscundæ* n'est donnée qu'entre cohéritiers, et il semble que si dans notre hypothèse la sentence est valable à l'égard d'un *non dominus*, il faudra décider de même à l'égard d'un non-cohéritier. Nous ferons observer qu'il y a une différence entre les deux hypothèses : dans la revendication, le juge doit examiner si le demandeur est ou non propriétaire, et la sentence a déclaré ici qu'il l'était, or une sentence est réputée vraie ; mais dans l'action en partage il n'y a pas eu procès sur la question de savoir si les parties étaient cohéritières, leur qualité a été supposée véritable, et comme cette supposition est fausse, la sentence qui en découle l'est également. Par ces motifs, dans le cas où un héritier a payé une somme à un non-héritier, quoiqu'il y ait eu sentence, nous lui accordons la *condictio indebiti* malgré le fr. 36. Mais dans le cas où le juge du partage a attribué à un héritier et à un non-héritier des objets héréditaires, que l'héritier a livrés en vertu de la sentence et qu'il veut recouvrer, que décider? Nous n'accorderons pas à l'héritier la *condictio indebiti*, mais une revendication ou une pétition d'hérédité : la raison en est que la tradition faite au non-héritier en vertu de la sentence ne lui a pas transféré la propriété : en effet, elle ne peut être transportée sans la volonté du propriétaire, et l'héritier n'avait pas cette volonté puisqu'il croyait la sentence valable et les adjudications bien faites; de plus il pensait que le non-cohéritier était déjà propriétaire, puisque dans les actions divisoires aucune tradition n'est nécessaire le domaine étant transféré par le juge de plein droit, il voulait simplement mettre le non-héritier à même de se servir de ces objets (fr. 2, § 8, *De cond. caus. dat.*). Le domaine n'ayant pas été transféré, le véritable héritier est resté propriétaire et peut revendiquer. Mais il faut que l'héritier véritable ait cru successeur le non-héritier, car s'il était dans le doute sur la qualité de successeur de cet homme et qu'il ait préféré partager avec lui qu'intenter un procès, c'est une transaction valable qui ne sera pas rescindée (L. 6, Cod., *De jur. et fact. ign.*, et fr. 78, § ult., *Ad senatusconsultum Treb.*).

XXIV. Y aura-t-il rescision du partage pour lésion? Un partage judiciaire ne saurait être rescindé pour une lésion modique : en effet, si la loi 3, au Code *Com. utr.*, parle d'une lésion modique, c'est qu'elle a en vue les partages faits hors de toute instance judiciaire : il ne serait d'ailleurs ni juste ni avantageux d'infirmer une sentence pour une lésion quelconque, ce serait permettre des procès sans fin; enfin nous avons un texte formel (*De recept. qui arb.*, fr. 27, § 2) qui interdit toute réclamation, à moins que la lésion ne soit énorme (L. 2, Cod., *De resc. vend.*). Quand au partage extrajudiciaire, la loi 3, au Code, *Com. utr.*, s'y applique; en conséquence une lésion d'outre moitié n'est pas nécessaire pour qu'il soit changé, une lésion quelconque suffit. Voët (h. tit., § 35), qu'il s'agisse de partage judiciaire ou de partage extrajudiciaire, accorde la rescision pour lésion s'il y a eu dol; s'il n'y a pas eu dol il exige une lésion d'outre-moitié. Cette distinction n'est pas dans la loi. D'ailleurs cet auteur a tort de dire que le partage sera rescindé s'il y a eu lésion : selon nous il n'en est rien, le juge rétablit simplement l'égalité : en effet, notre loi 3 porte : « Quod inæqualiter factum est in melius reformari. » C'est donc une nouvelle différence à signaler entre le partage judiciaire et le partage extrajudiciaire. Qu'oppose Voët à notre loi 3 si décisive et à ces mots *sine judicio?* Il nous dit que c'est une altération de Tribonien : rien ne nous le prouve; d'ailleurs c'est un argument commode. Il ajoute que le dol ne doit profiter à personne (L. 8, Cod., *De collat.*), et que c'est ainsi que les transactions qui ont plus d'autorité que la chose jugée (fr. 2, *De jurej.* et L. 20, *De transac.*, Code) sont rescindées pour cause de dol (fr. 9, *De transac.*, Dig., et L. 19, Cod., *De trans.*): mais notre loi 3 sauvegarde, il nous semble, suffisamment l'intérêt des cohéritiers en permettant de réparer toute lésion sans rescinder pour cela le partage. Déciderons-nous de même dans le cas où les lots ont été tirés au sort? Certainement, et si l'on nous objecte qu'il n'y a aucune fraude à reprocher au sort, qu'il est aveugle, nous répliquerons que les cohéritiers ne sont pas à l'abri de tout reproche quand ils ont fait des parts inégales. Soit, nous répondent nos adversaires, nous admettons que les cohéritiers sont en faute; mais alors, ou ils ont été dans l'erreur en faisant de tels lots, ou ils ont agi sciemment : s'ils ont été dans l'erreur, l'évincé ne peut se plaindre d'une erreur qui lui est imputable aussi bien qu'aux autres; s'ils ont agi en connaissance de cause, c'est une transaction valable. Nous ferons observer qu'avec le système de nos adversaires on serait entraîné à dire qu'une erreur même de calcul ne saurait être réparée, ce qui est contraire aux textes; d'ailleurs, l'erreur doit être imputée plutôt à celui qui lutte pour conserver un gain qu'à celui qui a une perte à éviter; enfin, sans doute, une convention suffit pour qu'il y ait transaction (*De transac.*, fr. 20), mais sommes-nous certains qu'il y ait eu ici une convention?

Examinons un cas particulier : un fils et une fille émancipés viennent *ab intestat* à l'hérédité de leur père au moyen de la possession *unde liberi :* ils ont des curateurs qui ont distribué entre eux les revenus des biens héréditaires et le prix des fruits qu'ils ont vendus soit d'eux-mêmes, soit avec la permission du préteur, mais ils ont avantagé le fils : par exemple, les revenus sont de 100 et ils ont donné 40 ou 50 au fils, 30 à la fille. Puis ces curateurs partagent toute l'hérédité. La fille a-t-elle l'action *familiæ erciscundæ* contre son frère à cause du partage inégal des fruits? Paul (fr. 38) dit qu'elle n'aura pas action contre son frère puisqu'il n'a pas reçu plus que sa part héréditaire; mais elle pourra agir contre le curateur puisqu'il y a eu fraude de sa part. Nous conclurons de ce fragment que, si un héritier a reçu seulement sa part héréditaire, il n'est pas soumis à notre action ; et qu'on ne nous oppose pas notre fr. 22 pp., d'après lequel un cohéritier qui a partagé un trésor découvert par le défunt avec un étranger qui le lui a indiqué, est tenu de notre action envers son cohéritier bien que le partage ait eu lieu par portions égales et qu'il n'ait eu que sa part. Nous répondrons qu'Ulpien décide ainsi dans le fr. 22 parce qu'on fraude son cohéritier en partageant avec un étranger un trésor faisant partie de l'hérédité ; tandis que dans l'hypothèse prévue par le fr. 38 le frère n'a commis aucune fraude envers sa sœur. Ce sont les revenus et non pas le patrimoine que les curateurs ont distribué d'une manière inégale : un auteur l'a cependant contesté ; nous lui opposerons les mots *postea omne patrimonium diviserunt* et ceux-ci *pro hereditaria portione*. La conséquence que cet auteur tire de son interprétation est donc fausse : il soutient que les mineurs émancipés peuvent partager entre eux les revenus des biens héréditaires, mais non pas les fonds; en effet, il leur faut l'*auctoritas* de leurs curateurs dans les deux cas (fr. 7 pp., *De reb. car. qui sub. tutel.*).

Le partage peut n'avoir pas été fait entre tous les ayants droit (fr. 2, § 4) : ceux qui n'ont reçu aucune part exercent leurs droits par la *petitio hereditatis* contre ceux auxquels ont passé des objets héréditaires (fr. 44, § 2), et par l'action *familiæ erciscundæ* contre ceux qui ont partagé entre eux l'hérédité (L. 18, Cod., et fr. 20, § 4).

Pendant que la condition d'un fidéicommis est pendante, l'héritier fiduciaire a fait un partage judiciaire ou extrajudiciaire sans fraude avec les autres cohéritiers; puis la condition du fidéicommis se réalise, le fidéicommissaire devra respecter ce partage (fr. 77, § 18, *De leg.* 2°, et fr. 34 h. tit.).

Dans un partage judiciaire, si le juge n'a pas compris dans sa sentence tous les cohéritiers, s'il a omis de condamner ou d'absoudre l'un d'eux, les autres dispositions par lui édictées sont nulles; s'il a omis un objet, le partage reste valable, on a pour ressource l'action *communi dividundo* (fr. 20, § 4). En un mot, nous croyons que notre fr. 27 ne s'occupe que des prestations. Si Paul eût pensé aussi aux choses héréditaires, il eût écrit : « In hoc judicio adjudicationes et condemnationes in omnium persona, etc. » En effet, les adjudications précèdent les condamnations; c'est dans ces termes qu'il s'exprime dans le fr. 36; ajoutons que le mot *persona*, répété trois fois dans ces quelques lignes, indique clairement sa pensée ; enfin, Paul emploie plus loin le mot *res judicata* qui ne s'applique qu'aux condamnations et aux absolutions (fr. 1, *De re judic.*). Si les cohéritiers réclament, chacun de leur côté, des prestations, le juge doit réunir dans une seule sentence la solution de toutes ces demandes: car, dit Paul, un jugement ne peut être valable pour partie et sans force pour l'autre partie. Qu'entendre par ces mots? Paul veut dire que la sentence du juge doit être *plena*, et qu'elle n'a pas ce caractère lorsqu'elle laisse sans les résoudre quelqu'une des demandes de prestations (fr. 19, § 1, *De recep. qui arbit.*).

Ainsi quatre héritiers se trouvent en présence, et Primus a fait des dépenses nécessaires à la conservation d'une chose héréditaire : le juge condamne Secundus et Tertius à l'indemniser en proportion de leurs parts héréditaires, mais il ne parle pas de Quartus : la sentence n'étant pas *plena* sera sans force. Passons en revue diverses hypothèses : s'il y a quatre cohéritiers et que deux d'entre eux intentent seuls notre action, la sentence rendue entre eux est valable, car le juge n'a pas à s'occuper de ceux qui ne viennent pas le trouver (fr. 2, § 4). Si un juge, bien loin de rien laisser indivis, a même distribué des choses qu'il ne devait pas partager, par exemple des esclaves affranchis par le défunt (fr. 41), la sentence n'est pas nulle : le partage des affranchis est non avenu, mais celui des autres choses est valable. Le principe qu'une sentence ne peut être valable pour partie et nulle pour partie, signifie donc simplement qu'aucun des cohéritiers partie dans le procès ne peut être omis et que le juge doit s'occuper de toutes les prestations. N'allons pas plus loin.

XXV. Un père peut partager ses biens entre ses enfants par testament ou par un simple acte de partage.

1° *Testament.* — L'institution solennelle était exigée, et c'était ce qui distinguait le testament *inter liberos* de l'acte de partage *inter liberos*. Ce testament *inter liberos* était une disposition ordinaire de dernière volonté, seulement elle était combinée de manière à être l'équivalent d'un partage. Si un enfant avait été omis, le testament était nul ; mais un acte de partage n'était pas annulé pour cette cause, et l'attribution des lots ne restait pas sans

effet. C'était comme une espèce de préciput : l'enfant prétérit pouvait seulement demander sa légitime.

Ici le père, après avoir institué ses enfants, leur distribue ses biens au moyen de legs (fr. 33). D'ordinaire il recourait à la forme du legs *per præceptionem*, mais rien ne l'y forçait. Lorsqu'une chose appartenait au père *ex jure quiritium*, cette forme de legs conférait-elle directement aux enfants l'action en revendication, ou bien fallait-il que le juge leur adjugeât ces choses pour que le domaine *ex jure quiritium* leur fût transféré? Gaïus nous apprend qu'il y avait sur ce point controverse entre les Proculéiens et les Sabiniens (2, §§ 219 et 222). Les Proculéiens soutenaient la première opinion et considéraient la syllabe *præ* comme superflue. Un édit d'Adrien semble les avoir fait triompher. On nous objectera peut-être que deux textes, les fr. 35 pp. et 78, *De her. inst.*, semblent donner gain de cause aux Sabiniens. En effet, Ulpien dit dans le fr. 35 que le fonds sera adjugé ou attribué. Nous répondrons que ce fragment suppose un fonds lybien et un fonds Cornélien ; or il n'y a que ce dernier qui soit au testateur *ex jure quiritium*. En conséquence, le mot *adjudicetur* se rapporte au fonds lybien, le mot *attribuatur* au fonds cornélien : le juge n'a pas à transférer la propriété du fonds Cornélien, il ne s'en occupe qu'à cause du calcul de la Falcidie. Quand au mot *adjudicatio* du fr. 78, il ne peut étonner, puisque le fragment ne s'occupe que des fonds provinciaux.

Le père put, à partir d'Auguste, distribuer ses biens entre ses enfants à l'aide de fidéicommis.

Le père peut dans un testament établir l'inégalité entre ses enfants : si l'un d'eux ne trouve pas sa légitime dans le lot qui lui a été assigné il demandera un supplément, mais il ne peut faire annuler le testament (L. 8, Cod., 3, 28). Il en serait de même d'un acte de partage *inter liberos*.

Le père a le droit de partager tous ses biens, ou seulement quelques-uns d'entre eux, les L. 20, § 3, et 21, au Code, le prouvent, ainsi que la nov. 18, ch. 7 qui porte : « Si quis voluerit suas res aut dividere, aut omnes, aut » etiam aliquas forte relinquere præcipuas. » De même pour l'acte de partage.

Selon certains auteurs, le testament *inter liberos* et l'acte de partage *inter liberos* sont tous deux regardés en droit romain comme un moyen d'établir des avantages entre enfants : en conséquence, au cas d'éviction d'une partie des objets composant le lot d'un enfant, il est, à la différence des autres partages, laissé sans garantie et sans action contre les copartagés tant qu'il lui reste assez de biens pour la formation de sa légitime. Nous leur opposons les fr. 20, § 3, et 39, § 5, h. tit., et le fr. 77, § 8, *De leg.* 2°. D'ailleurs, pourquoi distinguer entre le cas où le testateur institue ses enfants pour héritiers, et celui où de plus il a attribué à chacun d'eux tel et tel de ses biens? Peut-être que ces auteurs ont porté cette décision parce qu'ils ne savaient quelle action donner à l'enfant évincé : certainement ce ne peut être l'action *familiæ erciscundæ*, car elle ne peut être exercée qu'une fois, et dans notre hypothèse puisqu'il y a eu partage elle a déjà été intentée. Nous accorderons l'action *ex testamento*, parce que nous croyons qu'on peut dire des objets partagés qu'ils ont été *invicem a coheredibus relicta*.

Le testament *inter liberos* était toujours révocable ainsi que l'acte de partage.

2° *Simple acte de partage.* — Il s'introduisit dans la pratique une autre espèce de distribution de biens que ne reconnaissait pas le droit commun, et qui ne fut permise qu'aux ascendants, et même dans l'origine qu'à ceux qui avaient leurs enfants sous leur puissance. Tandis qu'un testateur pouvait partager ses biens même entre des étrangers.

Cet acte de partage est une disposition *ab intestat* qu'on peut comparer ou à un codicille, ou à une donation à cause de mort, ou à un fidéicommis *ab intestat*. Ce n'était pas une convention, puisque l'ascendant pouvait agir seul sans l'assentiment de personne, et ce n'était qu'un simple projet ou plan de partage puisqu'il fallait la confirmation du juge (fr. 20, § 3, et fr. 39, § 1, h. tit.; L. 16 et 21 au Code h. tit.). Mais ce qui constituait un privilége pour l'ascendant, c'est qu'il y avait ici dispense des formalités nécessaires pour la validité des actes de dernière volonté. Ainsi il pouvait composer les lots de ses enfants même par lettre, même verbalement. Mais toute disposition étrangère aux enfants, fût-elle en faveur de leur mère, était nulle : lorsqu'on voulait gratifier des étrangers en même temps que ses enfants, il fallait faire un testament régulier (fr. 20, § 3 h. tit.; L. 16, 21 et 26, au Code h. tit.). Constantin ordonne de respecter la volonté de l'ascendant quand il aura dit la manière dont il entend partager son patrimoine entre ses enfants, lors même que le testament serait nul en la forme et sans clause codicillaire, et lors même qu'on ne saurait y trouver que des indices de volonté (L. 26, Code et préface, nov. 17). Tribonien a altéré cette constitution, il a intercalé des phrases entières, et a mêlé l'acte de partage *inter liberos* avec le testament *inter liberos*. Cette confusion continue encore dans les nov. 18 et 107. Aussi des auteurs n'ont pas séparé non plus le testament *inter liberos* de l'acte de partage *inter liberos*. Nous croyons qu'ils ne sont pas dans le vrai ; en effet, le fr. 20, § 3, reconnaît la faculté de faire un partage autrement que par testament : « Si pater inter filios, sine scriptura, bona di- » visit, et onera æris alieni pro modo possessionem dis- » tribuit, non videri simplicem donationem, sed potius » supremi judicii divisionem, Papinianus ait. » Le fr. 20, § 3, se sert de ces mots *sine scriptura* qui peuvent étonner puisqu'un acte de partage *inter liberos* est valable qu'il y ait eu ou non un écrit (L. 21, Cod. h. tit.) : mais c'est sans doute parce que dans l'espèce proposée à Papinien il n'y avait pas eu d'écrit. Toutefois, depuis Justinien, un écrit est exigé dans le partage *inter liberos* (nov. 18, ch. 4, et nov. 107).

Le père a-t-il fait des donations entre ses enfants qui sont sous sa puissance, c'est sans valeur, et même avant Justinien sa mort ne les aurait pas confirmées; au contraire, s'il a voulu faire un partage, c'est valable. Généralement ce père exprimera sa volonté; et s'il n'a rien dit, on décidera d'après les circonstances: ainsi a-t-il conservé entre eux une certaine égalité, a-t-il distribué ses créances et ses dettes, etc.

Cet acte de partage existait-il du temps des jurisconsultes? Oui, puisque Papinien en parle (fr. 20, § 3).

Il différait des fidéicommis *ab intestat* en ce qu'il s'exécutait au moyen de notre action et qu'il n'était pas permis à tout le monde.

Le père peut confier le partage de son hérédité à un étranger, et ce partage vaudra lorsque la légitime de ses enfants n'aura pas été entamée et que la mauvaise foi de l'arbitre n'aura pas été démontrée. Le père peut en effet abandonner au caprice d'un tiers la validité d'une institution, pourquoi donc déciderait-on autrement dans notre matière? Nous croyons inattaquable cet acte de même que celui du père, si cependant il a persévéré dans cette volonté jusqu'à sa mort (L. 30, *De pactis*, Code).

Cette faveur accordée aux ascendants était une conséquence naturelle du pouvoir qu'ils avaient de réduire leurs enfants à leur légitime; aussi fut-elle attachée d'abord à l'exercice de l'autorité paternelle : Théodose II accorda le premier à la mère et aux ascendants la permission de faire cet acte de partage *inter liberos* (L. 21, § 1, *De testam.*, Code, et nov. 107). Mais cette manière de disposer fut toujours considérée comme un privilége inhérent à la qualité de parent en ligne directe, les collatéraux n'y eurent jamais droit.

De même que le préteur maintenait dans leurs fonctions des tuteurs irrégulièrement nommés, ou accordait des possessions de biens en vertu de testaments nuls d'après le droit civil, de même ici le juge devait confirmer la décision de l'ascendant en transférant la propriété des lots et en prononçant des condamnations suivant ses intentions (L. 21, 10 et 16, au Code).

L'interprétation à donner aux volontés de l'ascendant avait donné naissance à nombre de procès, et Justinien, afin d'y mettre un terme, exigea un état détaillé des biens partagés et la signature de l'ascendant (nov. 18, ch. 7).

Lorsqu'un fils n'a pas reçu sa légitime dans le testament de son père, il a deux moyens de l'obtenir : il peut attaquer le testament comme inofficieux (L. 8 pp., *De inof. test.*, Code); ou bien il exerce l'action en supplément (L. 16 et 21, Code). Il y a de grandes différences entre ces deux actions : la première est réelle et temporaire, elle met à néant le testament (avant Justinien) et elle n'est pas transmissible aux héritiers ; l'action en supplément est personnelle et perpétuelle, elle laisse subsister le testament et elle est transmissible aux héritiers. Le fils qui n'a pas sa légitime ne peut intenter que cette dernière action s'il a reçu quelque chose du testateur ou si la *querela inof. test.* est prescrite. Il n'a que cette dernière action en cas d'acte de partage.

Lorsque le père n'a pas partagé tous ses biens entre ses enfants, que décider quant aux objets dont il ne s'est pas occupé? Les partagera-t-on par parts viriles ou bien en proportion de la valeur de chaque lot? Papinien est de cette dernière opinion (fr. 32). Mais si après avoir distribué ses biens le père a ajouté *cætera ad Primum pertinere volo*, incontestablement Primus aura seul toutes les choses laissées indivises. De même si ce qui n'a été assigné à personne est l'accessoire d'une chose attribuée : c'est ainsi que l'enfant auquel un fonds a été laissé a droit à la villa qui s'y trouve, quoique le père n'en ait pas parlé (fr. 8, *Quib. mod. ususf. amit.*). Il en serait autrement du pécule (fr. 24, *De pecul. leg.*, et fr. 3, *De evict.*) d'un esclave, car ce pécule n'est pas une partie de cet esclave, tandis que la villa fait partie du fonds (fr. 15, § 2, *De inst. vel. instr. leg.*). Les ornements des bêtes de somme ne sont pas les accessoires de ces animaux (fr. 38, § 11, *De æd. edict.*), et un poulain ou un agneau n'est pas l'accessoire de sa mère (fr. 39, *De usur.* et fr. 65, § 7, *De leg.* 3°).

Lorsque le père a fait un partage entre ses enfants, soit par testament, soit par un simple acte, on ne peut invoquer contre ce partage la loi 3, au Code, *Com. utr.*, et le faire rescinder pour cause de lésion : en effet, les lois 7, 18 pp. ct 26 au Code et le fr. 32 au Digeste nous prouvent que le père peut partager inégalement ses biens entre ses enfants.

ERRATUM.

Un examen plus approfondi de la question nous a fait rejeter l'opinion émise page 43 : nous assimilerons le *prælegatum* au *legatum.*

DROIT FRANÇAIS.

DES PARTAGES D'ASCENDANTS.

(Art. 1075-1080.)

CHAPITRE Ier. — Ancien droit.

Les pays de droit écrit adoptent la législation romaine, et parmi les coutumes, quelques-unes admettent le partage par ascendants, mais elles varient sur bien des points. Ainsi, certaines d'entre elles confèrent à tous les ascendants et même à des collatéraux le droit de faire ce partage ; tandis que d'autres le restreignent soit aux ascendants, soit aux nobles, soit aux pères et mères. Dans certains pays il fallait qu'il se fût écoulé un intervalle de vingt ou quarante jours entre l'acte de partage et le décès de l'ascendant.

Généralement ce partage tirait son autorité de la seule volonté de l'ascendant : il y avait cependant des pays où pour le partage des propres il fallait le consentement des descendants : les ascendants s'en tiraient en les mettant dans l'alternative de suivre le partage ou d'abandonner tous les biens disponibles, et même s'ils n'avaient pas mis cette clause, la jurisprudence la suppléait. La coutume de Bretagne exigeait le concours de quatre parents, deux du côté paternel, deux du côté maternel.

Ce partage se faisait en justice, ou par acte notarié, ou par un acte sous seing privé soumis à certaines formalités. L'ordonnance de 1735 (art. 17) exigea les mêmes formalités que pour les testaments, c'est-à-dire un acte authentique ou olographe. Mais comme ces formes étaient exceptionnelles, un tel acte de partage n'avait effet qu'entre les descendants, nul autre qu'eux ne pouvait en tirer parti.

Il était révocable nonobstant le consentement et la signature des enfants, à moins qu'il n'eût été fait par contrat de mariage, car alors la famille étrangère qui a contracté une alliance à cause de cette disposition serait trompée (Lebrun, *Success.*, L. 4, ch. 1, n° 13). De plus, quand un partage a été fait par le père et la mère conjointement et que leurs biens ont été confondus, il ne peut être révoqué que du consentement des deux époux ; en conséquence il sera irrévocable à la mort de l'un d'eux.

Dans les coutumes qui ne disaient rien du partage par ascendants un pareil acte était-il nul ? Il ne l'était pas si le père n'avait pas cherché par ce moyen à faire à un de ses enfants un avantage plus grand que la coutume ne le permettait. Supposons qu'un ascendant en partageant ses biens entre ses enfants a porté atteinte à la légitime de l'un d'eux, nous distinguerons : dans un pays dont la coutume est muette, ce partage est nul ; mais dans un pays d'inégalité, on complète seulement la légitime de l'enfant lésé, et il est exécuté pour le surplus (Lebrun, *Success.* 4, 1, n° 11). C'est donc à tort, selon nous, que

M. Genty (*Part. par. asc.* p. 35) ne fait pas cette distinction.

En quoi le partage par ascendants des pays de droit coutumier différait-il de celui du droit romain ? Dans les pays de droit coutumier, le partage devait comprendre tous les biens que l'ascendant avait lors de la confection du partage ; de plus, il était nul lorsque l'un des enfants y avait été omis ; enfin l'intervention du juge n'était pas nécessaire pour transférer aux héritiers la propriété des lots. Cette dernière différence avec le droit romain existait aussi dans les pays de droit écrit.

Les pays de coutumes connaissaient une institution fort distincte du partage par ascendants, mais qui s'en rapprochait néanmoins en ce qu'elle pouvait présenter un partage de succession fait par une personne entre ses héritiers présomptifs : c'est la démission de biens. Elle est regardée comme d'origine nationale ; on la croit née en Bretagne.

Le but du démettant n'est pas uniquement de prévenir les difficultés d'un partage entre ses enfants, car pour arriver à ce résultat une dépossession immédiate n'est pas nécessaire ; il est surtout guidé par l'affection qu'il porte à ses enfants, ou par le désir de se débarrasser du soin de ses affaires, ou par l'espoir d'éviter un procès en interdiction, et souvent même il ne partage pas les biens qu'il abandonne.

La démission de biens était une succession anticipée. Elle était distincte du testament puisqu'elle avait un effet présent, et de la donation entre-vifs puisqu'elle était révocable et réglée par des règles analogues à celles de la succession.

La démission de biens et le partage par ascendants

se ressemblaient sous plusieurs rapports : ainsi tous deux conféraient des droits révocables. De plus, l'action pour attaquer le partage qui a pu accompagner une démission ne s'ouvre qu'au décès, le droit du démissionnaire se résout s'il ne devient pas héritier. La démission de biens et le partage doivent tous deux embrasser l'universalité des biens du disposant. Si le démettant avait, depuis le partage, acquis des biens, le premier partage n'en était pas moins valable, sauf à recourir, quant à ses biens, à un second partage (*Nouv. Denis.*, v° *Dém. de b.*, sect. 1, n° 7, et sect. 2, n° 4). Lorsque l'un des biens partagés par le démettant périt dans l'intervalle du partage au décès du démettant, des auteurs refusent au démissionnaire, qui a souffert du cas fortuit, la faculté de réclamer, lors de l'ouverture de la succession, une indemnité ou un nouveau partage ; car, disent-ils, les démissionnaires sont propriétaires sous la condition résolutoire que le démettant ne révoquera pas, et la chose périt pour le propriétaire : ce serait donc, si l'on admet ce système, une différence à signaler entre notre partage et la démission de biens. Ce n'est pas la seule : en effet, la démission de biens peut être faite par toute personne ayant des héritiers légitimes, elle n'est pas, comme notre partage, restreinte aux seuls ascendants ; de plus, la démission n'est assujettie à aucune formalité, sans doute elle exige le consentement des parties, mais peu importe sous quelle forme il est exprimé.

La démission de biens survécut à l'abrogation de la donation à cause de mort prononcée par l'ordonnance de 1731, et ce fut probablement parce qu'elle était dans l'intérêt des héritiers.

Mais cette démission de biens était-elle usitée dans les

pays de droit écrit? Nous répondrons que ces pays ne reconnaissaient comme moyen de transférer immédiatement la propriété à titre gratuit que la donation entre-vifs et la donation à cause de mort, la démission de biens n'y était pas un genre particulier de disposition, et par ce mot on désignait une donation ordinaire à laquelle les clauses de l'acte faisaient produire les conséquences générales des démissions de biens. Seulement l'acte n'empruntait plus ici ses règles de l'idée de succession : en conséquence il pouvait n'embrasser qu'une partie des biens, ou ne comprendre que quelques-uns des enfants, sauf aux autres à réclamer plus tard tard leur légitime (Furg., *Test.*, ch. 8, sect. 1, n° 169).

Arrivons au droit intermédiaire. La loi du 17 nivôse an XI n'interdit pas à l'ascendant de faire le partage de sa succession entre ses enfants, pourvu que le partage établisse l'égalité entre eux (Cass. 11 juin 1835).

CHAPITRE II. — Des partages d'ascendants (art. 1073-80).

Il est difficile de partager à la convenance de chacun une masse de biens indivis. Cette opération entraîne souvent des dissensions, d'autant plus regrettables qu'elles divisent presque toujours ceux que Dieu a créés pour être unis, les membres de la même famille. Aussi la loi a voulu écarter autant que possible cette cause de discorde en autorisant le père de famille à opérer lui-même le partage et la distribution de ses biens. Cette faculté est précieuse sous un autre rapport : elle fournit à l'ascendant qui doit laisser parmi ses héritiers un enfant mineur ou interdit le moyen d'éviter, par le partage qu'il fait lui-même, les lenteurs et les frais qu'entraînerait avec lui un partage judiciaire. Notre chapitre est une exception au principe qu'on ne peut pactiser sur une succession future. C'est le cas de dire, avec la loi des Douze Tables : « *Arbitrium patris summum judicium esto.* »

A quoi bon ce chapitre? nous dira-t-on; s'il n'existait pas, l'ascendant n'en serait pas moins forcé de suivre les règles génerales de disponibilité et de partage établies par le Code. Nous répondrons qu'il fallait aux ascendants une autorisation pour qu'ils pussent disposer impérativement de la partie indisponible de leurs biens, de la réserve de leurs enfants. Et même, sans notre article, un partage de la quotité disponible fait par eux eût été inutile, s'ils n'avaient eu soin d'insérer dans les actes de donations des clauses de préciput. De plus, comment aurait-il pu résulter d'une simple disposition de l'ascendant un privilége au profit de chacun des ascendants sur les immeubles de leurs cohéritiers?

Quel est le caractère de ce partage d'ascendants? C'est une des questions capitales de notre matière et notre décision sera féconde en conséquences. Nous croyons que dans les rapports de l'ascendant avec les copartagés, il n'y a qu'une donation entre-vifs ou un testament, et que dans les relations des copartagés entre eux il y a un partage, que l'acquisition des ascendants est à titre successif. En effet, ce n'est pas à titre de donation que les descendants acquièrent, puisqu'ici ils ne sont pas soumis au rapport, puisque notre partage est nul si tous les descendants n'y sont pas compris et rescindable pour cause de lésion. Ce n'est pas non plus un legs véritable qu'ils reçoivent, puisqu'ils sont saisis de la portion qui leur a été assignée, et qu'ils ne peuvent renoncer au lot qui leur a été attribué pour s'en tenir à leur réserve. Notre partage ressemble à une succession anticipée, puisqu'il comprend la réserve des enfants qui ne peut être l'objet d'aucune libéralité; mais cependant l'ascendant peut n'avoir fait qu'un partage partiel. La preuve qu'ici l'acquisition est à titre successif se trouve dans l'art. 1075 qui parle de la distribution et du partage des biens, et dans l'art. 1406 qui porte que l'immeuble cédé par un ascendant à un enfant marié, même en payement d'une somme mobilière, n'entre point en communauté.

Si la loi soumet notre partage aux règles des testaments (art. 1076), c'est qu'après tout c'est un acte de dernière volonté ; mais n'en concluons pas que notre partage est soumis aux règles établies pour les legs. Les descendants viennent comme héritiers : ce n'est pas le testament, mais la loi, qui les appelle à la succession de l'ascendant. On nous objecte que des avantages indirects peuvent résulter de notre partage. Nous répondrons que ce sont de purs accidents de fait qui peuvent se rencontrer dans un partage ordinaire sans porter atteinte au caractère légal du partage. On ajoute que si la loi attribue aux enfants des parts indivises dans les objets héréditaires, c'est du moins le testament qui leur attribue la propriété entière de leurs lots. Nous répliquerons par l'art. 883 : dans un partage ordinaire chacun est considéré comme ayant acquis à titre d'héritier non-seulement la portion correspondante à ses droits, mais encore la portion correspondante aux droits héréditaires des autres.

Puisque les descendants viennent comme héritiers, on peut s'étonner que notre chapitre n'ait pas été placé au titre des successions ; on l'a mis ici sans doute à cause de l'irrévocabilité des partages faits par acte entre-vifs, et parce que dans notre partage il faut se conformer aux formalités, conditions et règles prescrites pour les donations entre-vifs et les testaments. De ce que dans les rapports de l'ascendant avec les copartagés il n'y a qu'une donation ou un testament, nous conclurons que l'ascendant n'est pas obligé de suivre les règles particulières aux partages où les mineurs sont intéressés. Ainsi le même tuteur pourra ici, malgré l'art. 838, représenter plusieurs mineurs, comme dans une donation, et l'ascendant se dispensera, sans danger, de l'expertise exigée par l'art. 466.

Toutefois, cette assimilation entre un donateur et un testateur et l'ascendant qui partage ses biens n'est pas complète, puisque la faculté de partager en tant qu'elle s'étend à la réserve et même au disponible sort, comme nous l'avons déjà dit, de la sphère du droit de disposer à titre gratuit. En conséquence, nous permettrions au mineur âgé de plus de seize ans de distribuer entre ses enfants la totalité de ses biens malgré l'art. 904, qui ne recevra son effet que lorsqu'il s'agira de calculer l'avantage permis en faveur de l'un des enfants (art. 1079). Nous justifierons cette exception à notre principe par cette considération qu'un partage qui prévient des discordes entre frères est éminemment favorable.

Puisque les descendants viennent comme héritiers, nous appliquerons à notre partage les art. 883, 887 et 892. Il en est de même des art. 859 et suiv.; l'ascendant n'a pas pour les objets qu'il a précédemment donnés, sans dispense de rapport, à l'un de ses enfants, le même pouvoir que pour les choses restées libres entre ses mains, car il fait là véritablement l'office d'un juge chargé du partage. Si l'ascendant ordonne à un de ses enfants de payer une somme en retour d'un lot immobilier, cette somme ne tombera en communauté qu'à charge de récompense, car ce n'est pas un legs de somme d'argent, mais une soulte. Les enfants seront saisis de leur lot sans être obligés de demander la délivrance pour la portion de chaque objet qui correspondrait aux droits par indivis des autres descendants. Remarquons que la saisine est limitée pour chaque descendant à ce qui lui est attribué, tandis que dans les successions ordinaires la saisine porte sur tous les biens à raison de la part héréditaire de chacun. C'est important au point de vue des risques. Les descendants ne peuvent pas accepter la succession de l'ascendant et refuser d'exécuter le partage qu'il a fait conformément aux règles de la loi, à moins qu'ils ne soient tous d'accord et capables; à la différence des legs qu'un héritier peut refuser pour s'en tenir à la succession *ab intestat*. Les enfants seront entièrement, sous le rapport de la prescription acquisitive, dans la même position que l'ascendant; tandis que s'ils possédaient à titre de legs, le partage constituerait à leur profit un juste titre, et partant une cause nouvelle de possession. Ils ne seront pas exclus pour cause d'ingratitude, mais pour cause d'indignité. Le partage d'ascendants entraîne la garantie et le privilége qui résultent des partages ordinaires (art. 2103-1° et 2109).

Un partage testamentaire peut comprendre, outre les apportionnements, des legs par préciput et hors part: ils sont régis quant à la saisine, à la continuation de possession, à la caducité par prédécès, etc., par les règles qui s'appliquent à tous les legs.

Revenons aux conséquences du principe que dans

notre partage d'ascendants les enfants viennent comme héritiers. Nous croyons, malgré un arrêt de la Cour de cassation (Req. 12 août 1840), que les art. 826 et 832 sont applicables à notre partage, et que si l'égalité ne règne pas autant que possible dans la nature des biens qui composent les lots, la nullité du partage peut être demandée. Mais il faut, pour qu'une telle demande soit admise, qu'il s'agisse d'un partage testamentaire, car dans un partage entre-vifs les enfants, en acceptant leurs apportionnements tels qu'ils sont, ont perdu le droit d'en critiquer la composition, et l'acte de donation prend le caractère d'un partage amiable. Si l'on nous oppose que le consentement n'a pas été librement donné par les descendants, nous répliquerons que la seule crainte révérentielle envers l'ascendant ne suffit pas pour invalider une convention (art. 1114); d'ailleurs la loi n'exigerait pas le consentement des enfants s'il ne servait à rien. Mais les enfants craignent, s'ils refusent, de perdre le disponible. Nous répondrons qu'ils ont fait ce calcul en toute liberté. Qu'on ne nous dise pas que du vivant de l'ascendant les enfants ne peuvent renoncer aux droits qu'ils ont sur sa succession, car le partage d'ascendants constitue un arrangement sur une succession non ouverte : il fait donc exception à notre règle. D'ailleurs le système contraire viole le principe de l'irrévocabilité. On nous objecte que l'acceptation d'un partage entre-vifs n'empêche pas l'exercice de l'action en rescision. Sans doute, mais c'est une des règles du partage ordinaire. Arrivons au partage testamentaire. Selon nous, en cas d'inobservation des art. 826 et 832, il sera annulé. Mais, nous dit-on, l'ascendant peut traiter inégalement ses enfants dans la mesure de la quotité disponible. Oui, mais seulement s'il a eu soin de mettre une clause de préciput. On ajoute que la loi n'a prévu que trois causes de nullité. Nous en convenons, mais les art. 1078 et 1079 ne s'énoncent pas d'une manière restrictive. D'ailleurs nos adversaires ne sauraient argumenter de l'esprit de la loi, puisque deux des causes de nullité qu'elle indique ne sont que la consécration du droit commun en matière de partage, et la troisième restreint le pouvoir de l'ascendant, bien loin de l'étendre.

S'il n'y a qu'un seul corps héréditaire non susceptible d'une division réelle et partielle, et que l'ascendant l'assigne à un de ses enfants, à la charge d'un retour en argent ou en effets mobiliers envers chacun des autres, que décider? Nous croyons qu'on ne doit pas voir dans cette opération un partage, mais une licitation ; or toute licitation doit être une opération judiciaire (art. 827) : dans ce cas l'ascendant ne peut donc régler lui-même son hérédité, à peine de nullité. Qui veut la fin veut les moyens, nous oppose-t-on ; la loi, en conférant à l'ascendant le pouvoir de partager, a entendu lui accorder les moyens nécessaires pour opérer ce partage. De plus, il est dur pour l'ascendant de ne pouvoir assurer le fruit de ces veilles à ses enfants. Nous répondrons que dans notre partage, il n'y a pas de milieu : ou l'ascendant a un pouvoir exceptionnel, ou il est soumis aux règles générales des partages ordinaires : si vous adoptez le premier système, ce qui nous semble difficile, vous déclarerez donc aussi l'art. 832 inapplicable à notre matière !

L'action en nullité d'un partage testamentaire en raison de l'art. 827, pour composition vicieuse des lots, dure trente ans à partir du décès de l'ascendant. Peu importe que l'enfant ait accepté son lot du vivant de son père (Caen, 1843) : en effet, il est recevable dans le cas de lésion, pourquoi ne le serait-il pas ici ? Signalons en terminant une différence entre notre partage et le partage ordinaire : dans un partage ordinaire il n'est pas permis de renoncer au nom des incapables au mode de partage établi par la loi ; il en est autrement ici.

Depuis la publication du Code, peut-on encore faire des démissions de biens ? Le Code est muet sur ce point. M. Bigot-Préameneu, en présentant notre chapitre, a dit formellement que ce mode de disposer a été supprimé, parce que, étant révocable, il jetait, dans des procès sans fin le démettant qui revenait sur sa libéralité. La démission de biens qui ne serait pas faite par donation entre-vifs sera nulle si elle n'est pas revêtue de la forme d'un testament : la Cour de Metz (20 therm. an XI) et la Cour de cassation (26 frim. an XIV) l'ont jugé.

Lisons l'art. 1075; il est ainsi conçu : « Les père et » mère et autres ascendants pourront faire, entre leurs » enfants et descendants, la distribution et le partage » de leurs biens. »

Notre article s'applique certainement aux enfants adoptifs (art. 350) ; mais il ne dit rien des autres personnes qui peuvent être appelées à prendre part dans une universalité, comme des héritiers collatéraux, ou des légataires ou donataires à titre universel. Que décider ? Un arrêt de Caen, de décembre 1847, dit que le droit de disposer emporte celui de partager, et que si le Code ne parle que des descendants, c'est que nul doute ne pouvait s'élever à l'égard de ceux qui pouvaient donner tous leurs biens au préjudice de leurs héritiers. Nous avouons qu'un acte qualifié partage ne sera pas nul par cela seul qu'il aura été fait par un collatéral, car on peut laisser ses biens par toute sorte d'expressions propres à manifester sa volonté (art. 967). Mais il ne constitue pas un partage tel que celui d'un ascendant : ainsi il ne sera pas rescindable pour cause de lésion ou pour prétérition d'un collatéral ; il n'y aura pas lieu à garantie ; les art. 832 et 827 pourront être violés ; et si tous les biens qui existeront au décès du disposant n'ont pas été attribués, les copartagés ne pourront obtenir les biens non donnés ou légués qu'en suivant les règles du rapport. L'intitulé de notre chapitre semble, au premier abord, écarter péremptoirement la prétention des collatéraux. Mais c'est un vestige de l'ancien droit, d'après lequel les ascendants seuls pouvaient partager leurs biens dans un testament olographe ; or, aujourd'hui, il n'y a plus de de forme exclusivement propre aux ascendants. Selon M. Delvincourt (II, p. 149), la distribution entre collatéraux sera attaquable pour lésion de plus du quart, s'il apparaît que le disposant a voulu faire un partage et rien qu'un partage. Mais on va contre l'intention du disposant, car il n'est pas probable qu'il ait ignoré cette lésion, lui qui sait mieux que personne la valeur de ses biens ; le mot *partage* n'avait pas pour lui le sens qu'il a pour un jurisconsulte, il a pensé simplement à éviter à ses successeurs ou donataires les frais et les discussions d'un partage judiciaire. Nous dirions de même si l'on voulait faire rescinder ce partage pour omission d'un collatéral. D'ailleurs, si le disposant a eu recours à des donations entre-vifs, elles sont essentiellement irrévocables, et, s'il a fait un testament, la révocation pour omission ou pour lésion sont des cas que notre loi testamentaire ne prévoit pas. Qu'on ne nous oppose pas le fr. 77, § 8, *De leg.* 1°, car il n'a trait qu'à l'ascendant. Nos articles sont exceptionnels, ils dérogent au droit commun des testaments et des donations, il ne faut pas les étendre. Si un collatéral veut que cet acte, qualifié par lui de partage, soit par exemple rescindable pour lésion, qu'il s'explique : nous croyons qu'il peut l'ordonner, même dans un acte de donation, sans porter atteinte au principe de l'irrévocabilité.

Si cet acte qualifié partage est revêtu des formes testamentaires, les copartagés seront sans privilége; si c'est un acte entre-vifs, les copartagés ayant été copropriétaires par indivis, nous déciderions autrement à cause de l'art. 1872.

Les descendants qui ayant pour héritiers présomptifs plusieurs ascendants distribueraient leurs biens entre eux, ne peuvent entamer leur réserve, puisque notre chapitre ne leur est pas applicable; ils ont donc moins de pouvoir que les ascendants.

Revenons à notre partage d'ascendants. Un ascendant peut dans le même acte attribuer des biens à des étrangers et à ses enfants; si autrefois il ne le pouvait pas, c'est que notre partage était soumis à des formes exceptionnelles, et par rapport à l'étranger l'acte était nul en la forme.

L'art. 1076 est ainsi conçu : « Ces partages pourront » être faits par actes entre-vifs ou testamentaires avec » les formalités, conditions et règles prescrites pour les » donations entre-vifs et testaments. Les partages faits » par acte entre-vifs ne pourront avoir pour objet que » les biens présents. » Le Code reproduit, quant aux formes de notre partage, la législation romaine primitive, il n'exempte pas l'ascendant des formes ordinaires. Ce système nous semble préférable à celui de l'ancien droit :

notre partage n'étant par rapport à l'ascendant qu'une donation, il est utile que des formes protectrices garantissent sa liberté ; et ces exigences de la loi sont aussi dans l'intérêt des copartagés dont la réserve est défendue par toutes ces formalités.

Quels sont les biens que l'ascendant peut partager ? Si l'ascendant partage à la fois des biens présents et des biens à venir, cette opération sera sans valeur même quant aux biens présents contrairement à l'art. 943 : car le partage forme un tout indivisible, et sans cela la fin de l'art. 1076 serait une rédondance. Bien entendu ce partage vaudra si l'enfant qui a reçu le bien à venir ne recueille pas la succession, ou si l'ascendant a différé l'entrée en jouissance de ses héritiers présomptifs et qu'entre l'acte de partage et l'ouverture de leurs droits il acquière les biens à venir.

Ajoutons que la quotité disponible ne peut être donnée par acte entre-vifs, bien qu'on puisse donner l'équivalent en biens présents : en effet, cette quotité disponible est une portion des biens laissés par l'ascendant, elle comprend donc les biens à venir.

Des biens ont été donnés entre-vifs à un descendant, puis l'ascendant fait un partage testamentaire dans lequel il comprend ces biens donnés irrévocablement ; ce partage est valable (Cour de cass. 1840), car ce n'est pas révoquer une donation que d'en exiger le rapport, et d'ailleurs c'est comme héritiers que viennent les descendants. Enfin, moins il y a de biens en dehors du partage, plus il est conforme à l'esprit de la loi qui veut prévenir les contestations entre frères. Je n'ai pas supposé un partage entre-vifs, comme il exige le consentement des parties intéressées, il n'y a pas de difficulté.

Notre partage peut être fait soit par acte de dernière volonté, soit par acte entre-vifs. S'il est fait par acte de dernière volonté, l'ascendant doit employer l'une des trois formes de tester admises par la loi. Cet acte est soumis aux règles et conditions des testaments : de là il suit qu'il ne peut être fait que par une personne capable de disposer (art. 901), qu'au profit d'enfants capables de recevoir du testateur au jour de son décès (art. 906). Remarquons que l'incapacité de l'un des enfants n'annule pas le partage relativement aux autres. Ce testament-partage ne transfère, du vivant du testateur, aucun droit aux enfants copartagés (art. 895), et est essentiellement révocable au gré du testateur.

L'art. 968 doit s'appliquer à notre matière. Il est vrai que dans l'ancien droit le père et la mère pouvaient faire simultanément dans un même acte le partage de la communauté, et éviter par là un triple partage ; l'ordon. de 1735, en supprimant les testaments mutuels, avait même soustrait à cette prohibition les partages d'ascendants (art. 77). Aujourd'hui cette exception n'existe plus, et nous devons applaudir à cette réforme vu les résultats bizarres du système précédent. En effet, on était forcé d'enchaîner le testateur, et de ne permettre la révocation que si les deux conjoints y consentaient. Et puis comme les deux successions ne s'ouvraient pas en même temps, en cas de mort de l'un des époux, celui des enfants auquel avaient été attribués les biens propres de cet époux entrait de suite en possession, tandit que les enfants dont le lot était composé des biens du survivant ou des biens de la communauté, attendaient l'ouverture de la seconde succession. Sous l'empire du Code, si les deux époux et leurs enfants sont d'accord, ces deux époux n'ont qu'à partager leurs biens entre-vifs, en se réservant l'usufruit leur vie durante, et ils trouveront dans cet acte autant d'avantages que dans un partage testamentaire. Cependant si la femme est mariée sous le régime dotal, elle ne peut donner ses biens dotaux qne dans un cas (art. 1554, 1555, 1556). Enfin, si les enfants ne consentent pas au partage, les époux sont forcés de faire des testaments séparés dont l'utilité est, quant au mari, subordonnée à l'événement du partage, et quant à la femme, à cet événement et de plus à son acceptation de la communauté (art. 1423). Quelquefois les époux imaginent de partager la communauté par anticipation afin de pouvoir faire un partage d'ascendants : cette opération préalable est sans valeur juridique : elle n'enlève pas à la femme le droit de renoncer à la communauté ou, en cas d'acceptation, de demander un nouveau partage, et le mari conserve bien évidemment, jusqu'à la dissolution de la communauté, le droit d'aliéner ces biens, de les hypothéquer. Comment ce partage de la communauté pourrait-il être effectué utilement avant que l'action en partage soit née, et alors que la masse partageable ne se trouve pas encore déterminée ?

L'ascendant qui fait un partage entre-vifs doit se conformer aux art. 931 et suiv., 948, 943, 939 et suiv. Dès que le partage a été dûment accepté, la propriété des biens passe aux enfants (art. 938), mais il faut pour cela que tous les enfants aient accepté : jusque-là même ceux qui ont fait une acceptation peuvent la retirer (Riom, 11 août 1821). Enfin, s'il a eu lieu par actes séparés, il ne suffit pas que chaque enfant ait accepté son lot pour que le partage soit valable, il faut encore que chaque donataire ait connu et approuvé les autres apportionnements : en effet, un partage est un ensemble de dispositions essentiellement corrélatives.

Il faut observer dans les partages les règles générales sur les conditions et charges insérées dans les dispositions à titre gratuit (art. 900 et 944). Examinons quelques-unes des conditions qui peuvent être établies par l'ascendant à ses enfants. La Cour de Paris, le 23 juin 1849, a considéré comme valable la clause imposée à des copartagés mineurs de rester dans l'indivision jusqu'à leur majorité. Il s'agissait dans l'espèce d'un partage entre-vifs, mais nous déciderions de même dans le cas d'un partage testamentaire. On nous objecte l'art. 815 qui n'excepte que le cas de convention, et on explique cette différence en disant que l'indivision consentie est peu dangereuse, puisque les parties connaissent leurs caractères, tandis que le testateur peut se faire illusion sur les sentiments que ses héritiers peuvent avoir les uns pour les autres : or, dans cette dernière hypothèse, une indivision forcée engendrerait des rixes et des procès. Nous répondrons à nos adversaires qu'ils donnent dans le premier cas un brevet d'immortalité aux héritiers, car si l'un d'eux meurt son successeur leur est incontestablement inconnu. Cette condition de rester dans l'indivision pendant un certain temps n'est pas contraire à l'ordre public ou aux bonnes mœurs, puisque la loi elle-même permet aux héritiers de la stipuler : or la condition qui est licite en matière de convention ne saurait être illicite en matière de testament.

Souvent un ascendant déclare priver de la quotité disponible en tout ou en partie le descendant qui attaquera le partage. C'est là une une disposition à titre de peine, puisqu'elle est à la charge de l'héritier au lieu d'être à la charge de celui en faveur de qui la disposition a été faite. A Rome, Antonin le Pieux déclara nuls ces sortes de legs; mais Justinien abolit cette règle, et dès lors ce ne fut que lorsque la disposition qui servait de fondement à la peine était illicite, immorale ou impossible, que l'on annulait cette disposition. Ricard (*Don.*, 3e part., ch. 13, n° 1542 et suiv.) et Furgole (*Test.*, ch. 11, nos 133 et 150), dans notre ancien droit, ont reproduit cette théorie. Cette clause est-elle valable ? Selon certains auteurs, nous n'avons pas ici une disposition à titre de peine, mais une condition ordinaire : l'ascendant peut priver purement de la quotité disponible, donc il peut en priver aussi sous condition : il s'agit simplement de savoir si cette condition est impossible, immorale ou illicite. Elle n'est pas telle, ajoutent-ils, car s'engager à ne pas attaquer un partage, c'est renoncer à un droit de pur intérêt privé, et la loi n'a pas prescrit d'attaquer les partages entachés de nullité. Cette clause est une précaution fort sage contre l'esprit de chicane des héritiers, elle est donc valable (Cass. 22 déc. 1845), et toujours sans distinction conformément à l'art. 900.

Nous n'admettrons pas ce système; nous trouvons dans cette clause de l'ascendant les caractères d'une clause pénale et nous la soumettrons aux règles des clauses pénales et non pas aux règles des obligations conditionnelles. Ici, certainement, le but de l'ascendant est de contraindre ses descendants, par la menace d'une peine pécuniaire, à exécuter le partage. La disposition forme sans doute une disposition conditionnelle comme toutes les clauses pénales, mais ce n'est pas une raison pour la confondre avec les dispositions conditionnelles ordinaires. Dans le système de nos adversaires, on donnerait donc une solution différente suivant que l'ascendant aurait mis pour clause pénale 1200 ou la perte de la quotité disponible ; mais sur quels principes baserait-on cette étrange décision? N'est-il pas vrai qu'en faisant ce legs de 1200 il prive aussi d'une partie de la quotité disponible ? Suivant nous, la clause dont nous nous occupons n'est pas toujours valable, et nous appliquons simplement l'art. 1227. Dès que la disposition principale est nulle, la clause pénale l'est également : par conséquent, si les lots ne sont pas composés autant que possible de biens de même nature, si l'ascendant a partagé les biens de son conjoint prédécédé, si le partage lèse de plus du quart l'un des copartagés ou donne à l'un d'eux plus que sa réserve et la quotité disponible réunies, les descendants peuvent demander la nullité du partage sans encourir pour cela la peine prononcée. Remarquons en passant l'art. 1674 qui proclame la nullité de toute renonciation à l'action en rescision pour cause de lésion ; pourquoi ne l'invoquerions-nous pas ici ? Si le partage est valable, la clause pénale l'est également, et si les descendants agissent en nullité ils encourent la peine. On ne saurait appliquer la peine dans le cas où le partage est nul, ce serait exposer les familles à d'iniques spoliations et étouffer des plaintes légitimes. Qu'on n'invoque pas contre nous la paix des familles, on envenimerait les haines en repoussant, comme le veulent nos adversaires, de justes réclamations. Ajoutons que lorsque la loi refuse toute autorité à un partage, elle ne peut sans inconséquence accorder de l'autorité aux mesures par lesquelles l'ascendant cherche à en assurer l'exécution. Mais on nous fait une nouvelle objection. Si l'ascendant, nous dit-on, a fait un partage testamentaire, cette clause sera toujours valable dans notre système puisque les principes relatifs à la clause pénale sont placés sous le titre des obligations conventionnelles ; s'il a fait un partage entre-vifs, cette clause sera aussi toujours valable puisque les descendants en acceptant la donation s'y sont soumis. Nous répondrons que ce principe qu'on ne peut violer la loi d'une manière indirecte n'est pas borné aux conventions, et ce principe est la base de l'art. 1227. Quant aux partages entre-vifs, nos adversaires ne diront pas qu'ils ne sont pas soumis aux art. 1226 et suiv., puisqu'ils constituent une convention : et s'ils argumentent de l'acceptation des descendants, nous leur répliquerons que dans les conventions ordinaires il y a eu aussi acceptation de l'acquéreur, et cette circonstance n'empêche pas la décision de l'art. 1226.

Occupons-nous un moment des droits d'enregistrement. La loi du 16 juin 1824 a fait sortir du droit commun les partages d'ascendants. Le législateur, pensant qu'il fallait faciliter les établissements des enfants et aider le transport de la fortune de l'ascendant en des mains jeunes et vigoureuses, a accordé deux avantages aux partages entre-vifs d'ascendants : il a modéré les droits de mutation, il n'exige pour ces actes que les droits de mutation par décès en ligne directe, et le droit de transcription de ces actes n'est pas perçu au moment de leur enregistrement, mais seulement lorsque la transcription en est requise (art. 3). Comme les descendants n'ont pas en général à craindre de la part de l'ascendant des actes préjudiciables à leurs droits, ils ne font guère transcrire. Quant aux partages testamentaires, la loi ne s'en est pas occupée.

Il y avait controverse sur le point de savoir si, dans les partages d'ascendants, le droit proportionnel établi pour les soultes était dû ; l'art. 5 de la loi du 15 mai 1850 les y a soumis.

Les tribunaux ont souvent eu à se prononcer sur la question de savoir quels actes jouissaient de la faveur accordée par l'art. 3. Si le partage n'a pas eu lieu entre tous les enfants, si un d'eux a été omis, plusieurs arrêts de la Cour de cassation décident qu'il n'y a pas de partage dans ce cas. Selon M. Vuatrin, il devrait y avoir provisoirement modération des droits : car peut-être l'enfant omis n'existera plus au moment du décès. La Cour de cassation a jugé avec raison (5 juin 1848) que la distribution faite par un ascendant entre sa fille unique et les trois enfants de celle-ci ne peut être considérée comme un partage, et qu'il ne faut voir dans un acte de partage qu'une aliénation à titre onéreux si les charges imposées sont assez considérables pour former un véritable prix (Cour de cass., 1820). Il appartient aux juges d'apprécier la nature de l'acte produit comme renfermant un partage anticipé, et de voir s'il y a intention dominante, sinon exclusive, de prévenir la nécessité d'un règlement après décès : c'est ainsi que deux arrêts (Cassat., 1816 et 1836) ont jugé qu'un acte devait être considéré comme emportant partage anticipé, alors même qu'il n'opérait pas la division matérielle des biens, et se bornait à fixer des parts de copropriété. C'est peut-être aller un peu loin.

CHAPITRE III. — DES EFFETS DES PARTAGES TESTAMENTAIRES D'ASCENDANTS.

Un partage testamentaire est révocable expressément ou tacitement (art. 1036). A ce propos ou peut se demander si l'art. 1038 est applicable à notre matière. Nous croyons que les aliénations de l'ascendant révoquent les apportionnements jusqu'à concurrence des objets aliénés. M. Genty (*Part.*, n° 23) nous est opposé. Il donne en principe une action en garantie au descendant qui souffre de ces aliénations, et même si ces aliénations embrassaient une grande partie des objets compris dans un lot, ou même un lot tout entier, il permet au descendant auquel ce lot avait été attribué de demander la nullité du partage en vertu de l'art. 832, et non en vertu de l'art. 1078, car celui dont le lot tout entier a été aliéné reste compris dans le partage pour la valeur qu'avaient les choses qui lui ont été assignées. Nous ne saurions admettre ce système, il est contraire à l'art. 1076, qui prescrit l'observation des règles, formes et conditions des testaments, et au principe que nous avons posé précédemment, que dans les rapports de l'ascendant avec ses descendants il y a une véritable donation ou un véritable testament. Selon M. Genty, l'intention du testateur était de faire régner l'égalité entre ses enfants et il n'est pas à présumer qu'il ait voulu la détruire plus tard par une voie indirecte : mais il est encore bien moins présumable que l'ascendant donne volontairement lieu à des comptes difficiles à débattre, après s'être efforcé, par un partage, d'écarter toute dissension du sein de sa famille. M. Genty ajoute que la loi favorise la révocation des legs, parce que c'est un retour à l'ordre légal; de plus, ici les apportionnements se lient les uns aux autres, tandis qu'au contraire un legs est une disposition isolée. Il en conclut que l'art. 1038 ne peut être invoqué dans notre matière. Ce raisonnement nous semble défectueux; ce n'est pas là le motif de l'article, puisque ces circonstances peuvent ne pas se présenter : les legs peuvent être liés les uns aux autres et leur révocation ne pas ramener à l'ordre légal, et la disposition de l'art. 1038 s'applique néanmoins.

Nous croyons aussi que l'art. 1019 peut être invoqué par les descendants, car il est probable que l'ascendant qui améliore un des biens qu'il a partagés, veut ou réparer une inégalité, ou avantager un de ses enfants.

Lorsque ces aliénations, embellissements, etc., causent à l'un des enfants une lésion de plus du quart, ou donnent à l'un d'eux un avantage plus grand que la loi ne le permet, ou suppriment entièrement un lot, le partage pourra être annulé.

La détérioration ou la perte totale des objets partagés sera, sous les mêmes restrictions, à la charge des enfants auxquels ils avaient été attribués.

Ici se présente une question célèbre : Lorsque l'un des descendants meurt laissant des enfants, la succession de leur aïeul arrive-t-elle à ces derniers toute partagée, en un mot représentent-ils leur père ? ou bien le partage est-il nul en vertu de l'art. 1078? La jurisprudence est partagée : nous avons en faveur de la représentation un arrêt de Riom du 26 novembre 1828, et un arrêt de Limoges du 29 février 1822. Le système opposé compte un arrêt de Bordeaux du 2 mars 1832, et un arrêt d'Agen du 23 décembre 1847. La plupart des auteurs se sont prononcés en faveur de la représentation;

nous allons, à leur exemple, essayer de soutenir cette opinion.

Lorsque la vocation vient de l'homme, le décès d'un des héritiers entraîne la caducité absolue de la disposition faite en sa faveur : mais lorsque la vocation vient de la loi, la caducité n'est que relative, elle n'a lieu qu'à l'égard du représenté : la loi ne laisse pas tomber la vocation, et la fait passer aux représentants. La raison de cette différence, c'est que la vocation de l'homme est déterminée par une affection spéciale pour celui qui en est l'objet, et qu'il n'est pas à présumer que le testateur ait voulu étendre sa disposition à d'autres. Or nous espérons avoir démontré qu'ici les enfants prennent leur apportionnement en qualité d'héritiers, nous regardons en conséquence l'art. 1039 comme inapplicable à notre matière. Ainsi qu'on ne nous dise pas que l'apportionnement fait par l'ascendant en faveur d'un de ses enfants devient caduc par le prédécès de ce dernier sans postérité, en vertu des art. 1039 et 1076 : nous répondrions que ce résultat est dû à l'art. 725 : si notre partage testamentaire est soumis à une règle analogue à celle admise pour les legs, ce n'est pas une raison pour les assimiler. Il s'agit moins ici d'une libéralité que du règlement officieux d'une succession. On nous oppose que tous les descendants n'ont pas été personnellement apportionnés, et que le partage doit être nul pour omission d'un des enfants; que le testateur pouvait facilement substituer les enfants à leur père. Mais il serait étonnant que les enfants fussent prétérits quand ils retirent le lot entier attribué à leur père ; à quoi bon un nouveau partage ? C'est appauvrir inutilement la succession, car cette rescision ne ferait même pas tomber les libéralités préciputaires. Si l'ascendant, nous dit-on, avait pu penser que ses petits-enfants vinssent par représentation, il eût combiné les lots d'une autre manière : ainsi il a donné à son fils, qui est avocat, les livres concernant sa profession, et il ne les eût pas laissés à ses petits-fils. Nous répondrons que les pouvoirs de l'ascendant ne sont pas subordonnés à la condition que le partage sera fait suivant les convenances personnelles de chacun de leurs descendants. Nos adversaires ajoutent que l'ascendant a mission de faire cesser l'indivision : or si la représentation est admise, l'indivision subsiste entre les petits-enfants. Mais alors il faudrait donc distinguer si l'ascendant n'a laissé pour héritier qu'un seul petit-fils ou s'il en a laissé plusieurs !

CHAPITRE IV. — DES EFFETS DU PARTAGE ENTRE-VIFS D'ASCENDANTS.

Nous définirons le partage entre-vifs une donation entre-vifs éventuellement destinée à valoir plus tard, s'il y a lieu, comme partage de succession. C'est un acte qui a une double nature : il contient un partage de succession futur et éventuel, et une donation entre-vifs actuelle, immédiate et indépendante du sort que pourra avoir la succession de l'ascendant. Sa validité en tant que partage dépend de sa validité en tant que donation, la réciproque n'est pas vraie. On ne peut pas dire que les descendants tiennent de la loi même les droits qui résultent pour eux d'un partage entre-vifs et que l'ascendant n'a fait que leur en procurer la jouissance par anticipation : car la délivrance qu'il en fait constitue pour eux un droit certain et actuel, au lieu d'une éventualité incertaine : ces descendants peuvent, en effet, ne jamais être héritiers, mourir, par exemple, sans postérité avant l'ascendant. Ils ne sont pas actuellement héritiers de l'ascendant, puisque la succession de ce dernier ne peut être ouverte de son vivant. En résumé, notre partage entre-vifs produit actuellement et immédiatement les effets d'une donation ; il ne produira les effets d'une succession qu'à l'ouverture de la succession de l'ascendant et si les descendants deviennent ses héritiers. Nos partages entre-vifs sont analogues aux donations en avancement d'hoirie : si le donataire n'arrive pas à la succession de l'ascendant, ni les uns ni les autres ne se résolvent (art. 845), attendu qu'ils n'ont pas pour base la qualité d'héritier chez le donataire. Des auteurs cependant envisagent notre partage entre-vifs comme une véritable transmission de succession : ils en concluent la possibilité d'intenter du vivant de l'ascendant l'action en garantie, l'action en rescision pour lésion et l'action en nullité pour avantage illicite, et ils en arrivent à diviser le patrimoine de l'ascendant en deux portions distinctes, les biens partagés et les biens non partagés. Essayons d'abord de réfuter cette dernière conséquence de ce faux principe. Selon nos adversaires, les biens partagés entre-vifs forment une masse particulière sur laquelle se calcule une quotité disponible spéciale, distincte de celle qui se calcule sur les autres biens (Cass. 4 février 1845). Ils nous opposent d'abord la loi fiscale de 1824 qui, en soumettant le partage entre-vifs aux droits des mutations par décès, semble le considérer comme une transmission par decès. Mais, dirons-nous, admettre plusieurs quotités disponibles et plusieurs réserves, c'est admettre plusieurs successions d'un même homme ; et puis *nulla est viventis hereditas*. Nos adversaires nous répliquent qu'il n'y a qu'une seule succession, il n'y a aussi qu'une seule réserve, mais elle est divisée en plusieurs parties. Mais ces réserves peuvent appartenir à des réservataires différents, il y a donc deux masses séparées. Le partage entre-vifs, ajoute-t-on, ne constitue pas une donation, mais un pacte de famille dont les effets sont réglés par les art. 1075 et suiv. ; les biens ont été irrévocablement aliénés par l'ascendant et mis en dehors de sa succession ; enfin l'art. 1077 exclut tout rapport réel ou fictif de ces biens, et l'art. 922 ne parle pas des biens partagés. Nous répondrons que notre partage est placé sous le titre des donations et des testaments. Nous accordons à nos adversaires que notre partage entre-vifs est un pacte de famille, mais ce pacte est soumis par l'art. 1076 aux règles prescrites pour les donations, et l'art. 922, qui renferme une de ces règles, doit donc s'appliquer au partage entre-vifs. Et qu'on ne nous parle pas de l'irrévocabilité des partages entre-vifs, car les donations aussi sont irrévocables et cependant elles sont soumises à l'art. 922 ; la loi n'a pas créé deux sortes d'irrévocabilité, l'une pour les partages entre-vifs, l'autre pour les donations. Ajoutons que réunir fictivement pour le calcul de la quotité disponible les biens partagés aux autres biens, n'est qu'une affaire de calcul qui ne viole en rien le principe de l'irrévocabilité. Enfin l'art. 1077 est complétement étranger au calcul de la quotité disponible, il signifie simplement que les biens partagés entre-vifs ne sont pas soumis au rapport. L'opinion de nos adversaires ne serait-elle pas le produit d'une confusion entre le rapport en moins prenant et le rapport fictif de l'art. 922? La Cour suprême (4 févr. 1845), en se prononçant contre notre opinion, disait que permettre le rapport fictif de l'art. 922, ce serait laisser le sort de la famille dans l'incertitude jusqu'à la mort de l'ascendant, et empêcher la loi d'atteindre son but qui est d'assurer la tranquilité des familles. Nous répondrons que les descendants sont assurés de conserver leur lot, et, s'ils ont reçu au delà de leur réserve, sûrs d'échapper au rapport, qu'il y ait eu ou non le rapport fictif de l'art. 922. Dans quelle incertitude la famille a-t-elle été jetée? Il est vrai qu'il peut y avoir à faire des expertises, mais c'est là le sort commun de tous les donataires, et leur droit de propriété n'en souffre pas. Nous terminerons en faisant remarquer que les donations faites en avancement d'hoirie confèrent des droits auxquels on peut donner la même qualification qu'à ceux qui résultent des partages entre-vifs : or jamais personne n'a songé à les soustraire à la règle posée dans l'article 922.

De ce que les descendants ne sont pas des copartagés tant que vit l'ascendant, il résulte que l'enfant qui, avant le partage, a reçu un don en avancement d'hoirie ne doit pas le rapport. Nous déciderons encore que si l'un d'eux a été chargé d'une soulte, elle constitue une créance ordinaire et non une créance privilégiée sur le lot chargé de la soulte.

Nous avons dit que des auteurs permettent d'intenter du vivant de l'ascendant l'action en garantie, l'action en rescision pour lésion et l'action en nullité pour avantage illicite. Nous ne saurions l'admettre. Le fondement de la garantie, selon plusieurs auteurs, est que l'égalité doit régner entre les cohéritiers : or les enfants ne sont pas encore héritiers. Accorder immédiatement l'action en garantie, ce serait la donner à des descendants qui ne deviendront peut-être pas héritiers. Quant aux deux dernières actions, la jurisprudence a varié ; elle avait d'abord distingué entre le cas de lésion et le cas d'avantage illicite, puis la chambre des requêtes (Cass. 4 fév. 1845) prit pour point de départ, dans les deux cas, le jour du partage, et enfin la chambre civile (Cass. 30 juin 1847) adopta l'opinion opposée. Quant à l'action pour avantage illicite, l'art. 1078 fournit un argument décisif ; en effet, il dit que le point de départ de l'action pour omission est le décès de l'ascendant, et l'art. 1079 qui, le suit immédiatement, ne fixe pas un autre point de départ; c'est donc qu'il se réfère à l'article précédent. D'ailleurs les hypothèses prévues par les deux articles sont analogues : dans les deux cas il s'agit d'une atteinte portée à des droits successifs, atteinte qui est éventuelle comme les droits successifs eux-mêmes tant que vit l'ascendant. Au reste, c'est surtout sur l'action pour lésion qu'a porté la controverse. Selon nous, tant que vit l'ascendant, l'enfant lésé ne peut se plaindre, puisque ce n'est pas un droit actuel et certain qui a été violé. Ajoutons que, dans l'ancien droit où la démission de biens devait comprendre la totalité des biens du démettant, on eût compris à la rigueur qu'elle fût considérée comme une succession anticipée : or elle n'était pas regardée comme telle (*Nouv. Denis.*, § 2, n° 3), et pour juger de la conformité du partage anticipé, il fallait attendre la mort du démettant. En présence de cette solution, comment en donnerait-on une contraire dans le cas de partage entre-vifs qui présente encore bien moins les caractères d'une transmission de succession, puisqu'il peut ne comprendre qu'une très-faible partie des biens de l'ascendant? L'art. 1304, nous dit-on, ne reporte le point de départ du délai des actions en rescision à une époque postérieure au contrat que dans les cas d'incapacité, d'erreur, de dol ou de violence ; donc dans le cas de lésion c'est de suite que l'action peut être intentée. L'art. 1676 vient d'ailleurs confirmer cette opinion ; et la raison de cette différence entre ces divers cas, c'est qu'on peut voir de suite s'il y a ou non lésion. Nous objecterons à ce système qu'il suppose qu'une réserve peut être acquise aux enfants avant la mort de l'ascendant, mais ce droit cadrerait mal avec le pouvoir de disposer d'une manière absolue qui appartient à ce dernier. Selon nous, jusqu'à sa mort il n'y a dans ce partage entre-vifs qu'un ensemble de donations : or une donation ne saurait léser. Sur quoi se fonderaient les enfants pour attaquer l'enfant qui les lèse? Sur la loi? mais ils ne sont pas encore héritiers? Sur la volonté de l'ascendant? mais elle est contraire. Mais supposons qu'une action en rescision pour lésion puisse être intentée du vivant de l'ascendant : les enfants lésés attaquent l'enfant avantagé et triomphent. Qu'en résultera-t-il? Le partage entre-vifs sera non avenu, et les biens reviendront à l'ascendant ; il pourra à son gré faire un nouveau partage ou conserver les biens. Mais il est probable que, trouvant ses fils irrespectueux, il gardera les biens pour lui ou les donnera tous au fils qu'il préfère. Si c'est là le système de la loi, il n'est guère avantageux pour les enfants lésés. Au contraire, en cas de succession, la rescision pour lésion remet les copartagés dans l'indivision avec la possibilité de faire un nouveau partage. Mais, nous dit-on, notre système prolonge l'incertitude dans laquelle se trouvent les enfants. Nous ferons remarquer d'abord que c'est une considération qui ne fait rien contre les principes ; et d'ailleurs le système adverse ne tient pas compte de l'intérêt des enfants, car s'ils sont respectueux ils ne se plaindront pas, et s'ils réclament ils s'exposent à mécontenter l'ascendant. On nous répond que cette lésion est le résultat d'une erreur de l'ascendant, et que par suite l'action des enfants n'a rien d'irrespectueux. Mais c'est invraisemblable, l'ascendant connaît mieux que personne la valeur de ses biens, et une lésion de plus du quart est assez importante pour ne pas passer inaperçue. Aussi, pour échapper à cette objection, certains donnent l'action en rescision non pas contre l'ascendant, mais entre les descendants. Mais le partage entre-vifs est l'œuvre de l'ascendant, c'est donc à lui qu'il faut s'en prendre; et puis ce n'est qu'à lui que la loi a donné le pouvoir de partager ses biens de son vivant.

Le principe que nous avons posé en tête de notre chapitre va nous servir à résoudre une des questions les plus importantes de la matière. Le partage d'ascendants entraîne-t-il pour les enfants obligation aux dettes de l'ascendant, soit vis-à-vis de lui, soit par rapport à ses créanciers? Quant au partage testamentaire, il n'y a pas de difficulté; en effet, les descendants viennent comme héritiers et non comme légataires (Dem., 2, n° 473). De là il suit qu'ils sont tenus des dettes du défunt, chacun en proportion de sa part héréditaire. Mais lorsqu'il s'agit d'un partage entre-vifs, les auteurs sont en désaccord. Toullier (n°s 817 et suiv.) et M. Genty (n° 34) soutiennent que les copartagés ne sont pas tenus des dettes à moins qu'une clause spéciale du partage ne les y soumette. M. Duranton (n° 630) distingue si le partage est ou non précédé d'une attribution de biens à titre universel, et M. Troplong (*Don.*, n° 2311) restreint l'obligation au cas où le partage embrasse la totalité des biens présents. Grenier (n° 90), Vazeille, Delvincourt et Marcadé (4, art. 1076) proclament sans distinction l'obligation aux dettes. La controverse porte sur les dettes de l'ascendant au moment du partage; quant aux dettes postérieures, on ne les met à la charge des enfants qu'à la mort de l'ascendant et s'ils sont héritiers. Demandons-nous si nous pouvons avoir ici une donation universelle ou à titre universel proprement dit. L'ascendant a partagé entre-vifs ses meubles : dans ce cas il n'y a que des donataires à titre particulier, vu l'art. 948; l'ascendant a distribué une universalité ou une quote-part d'immeubles, ici il y a, il est vrai, une donation à titre universel : mais nous regardons l'ascendant comme n'ayant pas voulu mettre ses dettes à la charge de ses enfants, car il a gardé les valeurs mobilières, et c'est d'ordinaire avec ces valeurs qu'on éteint ces dettes. Enfin, l'ascendant a déclaré distribuer entre ses descendants l'universalité de son patrimoine. Y a-t-il là vraiment une universalité? Une universalité comprend la possibilité et l'espérance (Ricard, 1529), donc si nous en avons une ici, les copartagés auront droit aux biens non mentionnés, à ceux dont personne n'avait connaissance, et aux biens qui pourraient survenir à l'ascendant; or, ici, pour faire ce partage, l'ascendant est obligé de spécifier individuellement les objets qu'il y veut comprendre; au delà il n'y a nulle espérance, nulle possibilité. La répartition individuelle faite par l'ascendant n'aura peut-être jamais le caractère d'un partage de succession, et cependant on veut que la disposition collective qui la précède, et qui n'aura aussi peut-être jamais ce caractère, soit considérée dès à présent comme l'ayant. Les parties, nous dit-on, ont voulu un partage futur et éventuel de la succession de l'ascendant : mais on ne sait pas encore quels sont ses successeurs et quels biens comprendra sa succession, on ne peut donc encore décider quels sont ceux de ses enfants qui supporteront ses dettes et en quelle proportion. Les enfants ne peuvent pas être les continuateurs de la personne du transmettant, puisqu'il existe toujours. Qu'on ne nous dise pas que les dettes sont une charge qui grève les biens donnés, car il est certain qu'une obligation est attachée à la personne et non aux biens.

On nous objecte que le partage entre-vifs devient, dans notre système, un moyen de frauder ses créanciers. Mais l'art. 1167 est là pour y mettre obstacle. D'ailleurs les avancements individuels d'hoirie offrent les mêmes dangers, et cependant nulle réclamation ne s'élève contre eux. On argumente encore contre nous du brocard *bona non intelliguntur nisi deducto ære alieno* que nos anciens auteurs admettaient (Poth. annot. de M. Bug, t. VIII, p. 138) et que le Code semble ne pas avoir abrogé. Nous répondrons que ce principe reçoit exception dans le cas de legs particulier, et on en cite dans tous les systèmes deux motifs, l'intention probable du testateur et l'ordre public. Or nous croyons que ces deux motifs se rencontrent ici. D'abord un ascendant qui livre ses biens aux copartagés, sans rien retenir des dettes et sans prononcer un mot sur un point aussi important, leur payement, semble bien vouloir qu'ils n'y contribuent pas (Coin-Delisle, art. 945). Et puis ordinairement il ne distribue pas entièrement sa fortune : si les enfants doivent contribuer à l'acquittement des dettes, il faudra estimer chaque objet partagé et comparer sa valeur à celle des objets restés en la possession de l'ascendant : mais comment saura-t-on ce que valent ces derniers? Si l'on force l'ascendant à faire son bilan, c'est nuire à son crédit; si l'on s'en rapporte à sa déclaration, c'est s'exposer à la violation du principe de l'irrévocabilité. Ajoutons que c'est donner lieu à des procès et à des frais considérables. Enfin personne n'est obligé de payer les dettes d'autrui si ce n'est en vertu de la loi ou des conventions; or ni l'une ni l'autre ne parlent.

C'est avec raison que l'art. 1076 ne dit pas que le partage entre-vifs sera soumis aux mêmes effets que les donations, puisqu'une donation ordinaire n'est pas annulée pour lésion ou pour omission. Et son assimilation sous les autres rapports est rationnelle, vu que rien ne force l'ascendant de se dessaisir de ses biens de son vivant. De ce que provisoirement il n'y a ici qu'une donation, il s'ensuit que l'ascendant se dépouille irrévocablement (art. 894), sauf à l'égard des tiers les effets ordinaires du défaut de transcription des immeubles (art. 939) ou de notification des créances (art. 1690), et qu'il a les actions en nullité dont s'occupent les art. 953-967. Il résulte encore de ce principe que les enfants pourront prescrire alors que l'ascendant ne le pouvait pas, et qu'une soulte payée pour attribution d'un immeuble sera considérée comme une valeur mobilière dans les rapports du copartagé avec son conjoint.

Dès que l'ascendaut est mort la situation des copartagés change. S'ils deviennent héritiers, le partage entre-vifs produit entre eux les effets d'un partage de succession; le privilége des copartagés naît à charge d'inscription dans les quarante-cinq jours du décès du *de cujus* (art. 6, L. 23 m. 1855); ils commencent à se devoir la garantie de leurs lots pour éviction; enfin la prescription commence à courir contre les actions en rescision du partage.

Vis-à-vis des tiers, les biens partagés entre-vifs restent entre les mains des descendants au titre unique de donataires, et tous les effets que l'acte a pu produire, en tant que donation, continuent de subsister. De là les conséquences suivantes : si les créanciers de la succession demandent la séparation des patrimoines, les biens partagés seront regardés comme ne faisant pas partie du patrimoine de l'ascendant; en cas d'acceptation bénéficiaire, ces biens seront à l'abri des poursuites des créanciers héréditaires; les legs ne pourront s'exécuter sur ces biens; relativement à la prescription acquisitive, les héritiers seront toujours traités comme des acquéreurs à titre particulier; enfin, en cas de soulte payée pour attribution d'un immeuble, elle continuera de garder la nature de valeur mobilière vis-à-vis du conjoint de celui qui l'a reçue.

Supposons maintenant que, par suite de prédécès sans postérité, renonciation ou indignité, un descendant compris dans le partage ne recueille pas la succession de l'ascendant : s'il ne peut prétendre aux biens laissés par le défunt, il reste du moins donataire. Puisqu'il n'est pas héritier, les effets d'un partage de succession ne peuvent se produire : ainsi, l'enfant ou son héritier n'a pas droit à la garantie et il n'en est pas tenu les sommes qu'il peut devoir ou qui peuvent lui être dues en guise de soulte ou de prix d'adjudication ne sont pas privilégiées, etc. Mais il peut invoquer, et on peut invoquer contre lui, toutes les conséquences actives ou passives qui découlent de la qualité de donataire; il est soumis à l'action en réduction si les biens reçus dépassent la quotité disponible (art. 845) : car, si un partage peut quelquefois entamer la réserve, une donation ordinaire ne le peut pas, etc.

Cependant dans le cas où l'enfant ne devient pas héritier, il semble que son lot est vacant et doit être partagé à ce titre entre les autres descendants. Il n'en est rien : le partage ayant été fait entre-vifs, chaque enfant donataire a été immédiatement et irrévocablement investi des biens compris dans son lot, et il a pu valablement les aliéner. S'il est mort sans postérité et qu'il n'ait pas disposé de son lot, il reviendra à l'ascendant donateur (art. 747), et c'est dans la succession de ce dernier que les descendants survivants viendront le recueillir.

Les effets légaux qu'un partage entre-vifs eût produits entre l'enfant prédécédé et les autres enfants ont lieu, lorsqu'il y a représentation de l'enfant prédécédé, entre ces enfants et le représentant. Concluons-en que le partage entre-vifs dans lequel le représenté a été compris doit être regardé à la mort de l'ascendant comme comprenant le représentant : l'art. 1078 ne peut donc être invoqué. Le représentant a les actions en nullité ou en rescision de partage, et elles sont données contre lui. Enfin il doit une indemnité aux enfants, de même qu'il y a droit à raison des troubles ou évictions survenus dans les biens partagés. En un mot le représentant doit être, quant à la succession de l'ascendant, traité activement et passivement comme le représenté l'aurait été, et peu importe s'il a ou non recueilli la succession du représenté. Ce n'est point du chef du représenté que le descendant a une action pour lésion ou avantage illicite ou une action en indemnité, c'est parce qu'il est héritier de l'ascendant.

On s'étonne que le représentant qui n'hérite pas des biens donnés au représenté puisse se plaindre de l'éviction de ces biens: mais le partage subsistant entre les enfants et le représentant, ce dernier doit rapporter le lot du représenté en moins prenant dans les biens que l'ascendant a laissés à son décès : or il rapporterait plus qu'il ne doit si on ne lui tenait pas compte des valeurs enlevées au représenté par des évictions. Si nous avons en présence l'héritier du représenté et le représentant, nous déciderons que c'est au premier que le représenté a transmis sa qualité de donataire et les effets attachés à cette qualité. Vis-à-vis des enfants l'héritier du représenté est un donataire et le représentant un héritier de l'ascendant. Remarquons que des auteurs permettent aux enfants du descendant prédécédé de soutenir qu'ils n'ont pas été apportionnés par l'ascendant. Nous ne saurions adopter cette opinion. L'art. 848 lui est opposé, il dit que les petits-enfants qui représentent leur père sont réputés avoir reçu eux-mêmes ce que le défunt lui a donné. Quel intérêt auraient-ils à faire annuler le partage ? Obligés de rapporter à la succession de l'ascendant le lot de leur père, ils recevraient d'une main ce qu'ils rendraient de l'autre ; et leur action ne peut même avoir pour résultat de faire tomber les libéralités qui ne violent pas l'art. 1079.

CHAPITRE V.— Des actions en nullité et en rescision du partage d'ascendants.

Notre partage peut être nul comme donation, ou comme testament, nous renvoyons aux principes généraux. Nous nous occupons des cas où notre partage d'ascendant est vicieux comme partage. Nous avons déjà vu qu'il pouvait être annulé pour violation des art. 826, 832 et 827.

Omission d'un descendant. — Dans le cas de l'art. 960, la survenance d'un enfant fait évanouir de plein droit la donation; au contraire, dans le cas de l'art. 1078, le partage continue à subsister et son sort est en suspens jusqu'au décès de l'ascendant; si à cette époque l'enfant omis est mort, le partage est valable (Douai 1843).

La nullité de l'art. 1078 peut résulter non-seulement de l'omission d'un enfant vivant au moment du partage, mais encore de la survenance d'un enfant postérieurement au partage. L'art. 1078 indique clairement que l'omission d'un enfant prédécédé ne donne pas lieu à l'action en nullité. Il faut en dire autant du renonçant ou de l'indigne, puisqu'ils n'acquièrent point la qualité d'héritier. Il en est de même de l'absent qui aurait été omis et qui ne reparaîtrait que trente ans après l'ouverture de la succession.

Lorsqu'un enfant a été omis, ceux-là même qui ont été compris dans le partage peuvent en demander la nullité; sans cela ils resteraient indéfiniment dans l'incertitude sur le sort de leur possession et de leurs droits, ils seraient dans un état d'indivision forcée contre l'esprit de la loi (art. 815) et le bien général. Au reste, l'ascendant peut se contenter de faire un partage par souches, sans faire les subdivisions. Pour prévenir l'effet annulatoire de la survenance d'enfant, il peut, en cas de partage testamentaire, assigner d'avance une part aux enfants à venir; mais cet expédient ne peut être employé dans le cas de partage entre-vifs (art. 906 et 1081).

Le refus ou l'incapacité d'un des enfants n'entraîne pas la nullité de notre partage, son indivisibilité n'étant point établie par la loi ; il y aurait seulement lieu à considérer comme omis les biens non recueillis, et à en faire l'objet d'un partage ultérieur (Cour de cass., 1833).

La nullité de l'acte de partage pour prétérition d'un enfant n'entraîne pas la nullité du don en préciput qui y est contenu (Agen, 1847 ; Bordeaux, 1832).

Dans le cas où un enfant naturel reconnu a été passé sous silence, suivant M. Duranton (n° 634), le partage n'est pas frappé de nullité ; cet enfant peut seulement réclamer ce que la loi lui accorde. Selon Vazeille (art. 1078, n° 3), s'il n'est pas un héritier, il est du moins un successeur dont le titre n'a pas moins d'énergie que les autres ; et d'ailleurs, comment lui faire sa part sans une nouvelle distribution de biens? Nous croyons qu'on pourrait aussi ajouter que le mot *enfant* de l'art. 1078 comprend les enfants naturels comme les enfants légitimes. M. Genty est aussi de l'opinion de Vazeille. Nous préférons la manière de voir de M. Duranton. En effet, dans le système éminemment moral de la loi française, l'enfant naturel est hors de la famille ; il n'est pas héritier, il ne succède pas aux parents de ses père et mère (art. 756), et il n'a droit qu'à un subside alimentaire plus ou moins étendu, suivant les cas. Sans doute notre partage ne devra pas le spolier ; mais il suffit, pour maintenir l'intégrité de ses droits, qu'on lui concède une action contre les héritiers légitimes.

Lorsqu'un des enfants apportionnés est mort avant l'ascendant, distinguons : s'il a laissé des enfants, il est représenté par eux ; mais s'il est décédé sans postérité, dans le cas de partage entre-vifs, son lot revient ou à ses héritiers ou à l'ascendant donateur ; et si le partage a été fait par testament, son lot se trouve vacant, les biens qui le composent sont partagés entre les autres enfants (art. 1077 et 887).

Un partage qui a été fait entre tous les descendants, mais sans l'être en raison des droits héréditaires de chacun d'eux, sera nul pour omission, s'il est démontré que l'inégalité des lots provient des termes mêmes de l'acte de partage, et non d'une erreur dans l'estimation des apportionnements. On peut citer le cas de l'ascendant qui, ayant un fils et plusieurs enfants d'un autre fils prédécédé, fait un partage par têtes et non par souches; ou bien un ascendant attribue à un enfant naturel la portion qui lui revient en cette qualité, puis il le légitime par un mariage subséquent, et par suite cet enfant se trouve ne pas avoir une part égale à celle à laquelle il a droit actuellement.

Lorsqu'un ascendant, après avoir fait un partage entre-vifs, a fait prononcer contre un de ses enfants la révocation de sa donation (art. 953 et suiv.), les autres descendants ont le choix ou de faire annuler le partage pour cause d'omission, ou de contraindre cet enfant à respecter le partage, en lui remettant les biens dont se composait primitivement son lot : car c'est par sa faute qu'il n'est pas apportionné.

L'enfant prétérit n'aura pas dix ans, mais trente ans pour attaquer le partage. Relativement au partage entre-vifs, c'est incontestable puisque l'art. 1304 ne régit que les cas où le descendant a été lui-même partie dans l'acte attaqué; et quant au partage testamentaire, il est certain qu'il n'est pas dans le domaine de cet article.

Mais on nous objecte que dans le cas de partage entre-vifs il y a eu une convention entre les autres enfants et l'ascendant, et qu'à la mort de ce dernier dont l'enfant prétérit hérite, l'action qui en résulte lui est transmise. Nous répondrons qu'il y a des actions que le *de cujus* ne transmet pas à ses héritiers par la raison qu'il ne les avait pas lui-même, et notre action est telle. La prescription de l'action pour prétérition est de trente ans à partir du décès de l'ascendant (art. 2262). La nullité de l'art. 1078 semble être de droit, car cet article porte qu'il « pourra être provoqué un nouveau partage dans la forme légale, » et il ne semble pas exiger pour cela que la nullité ait été préalablement reconnue par la justice. En conséquence, le partage ordinaire peut être demandé directement sans qu'on ait à s'occuper du partage d'ascendant, et il n'y a ici d'autre prescription que la prescription de l'action en partage.

Action en rescision pour lésion. — Le Code n'a pas suivi le système des coutumes d'égalité qui rescindaient le partage d'ascendants dans des cas où la lésion était inférieure au quart, et il n'a pas non plus permis, comme les coutumes d'inégalité et le droit romain, tout avantage pourvu qu'il n'entamât pas la réserve des enfants. Le Code a adopté un système indépendant des règles de la réserve : ainsi lorsque le disponible a été donné à un étranger, toute inégalité du partage entame la réserve de quelques-uns des enfants, et cependant il ne s'occupe de ces inégalités que lorsqu'elles sont par trop considérables; et à l'inverse s'il n'y a aucun don en préciput, le partage pourra être rescindé pour lésion bien que l'enfant qui se plaint ait reçu plus que sa réserve. Les dispositions par préciput sont étrangères au partage : en conséquence, celui qui a reçu par préciput toute la quotité disponible peut réclamer, lorsque dans le partage des autres biens il est lésé de plus du quart.

Remarquons que le partage par ascendants est le seul mode de disposer qui puisse procurer à l'enfant un avantage qu'il garde, quoique non dispensé du rapport, contrairement à l'art. 843. Et ce partage devient un avantage réel, si un des enfants reçoit un lot dont la valeur est plus considérable que celle de chacun des autres lots, pourvu que l'un des descendants ne soit pas lésé de plus du quart. La loi laisse une latitude à l'incertitude, même à l'arbitraire qu'entraîne nécessairement toute estimation, et nous ne saurions admettre la doctrine exposée par deux arrêts, l'un de la Cour de cassation de 1828, et l'autre de la Cour de Limoges de 1832. Ils ont décidé que toute inégalité sensible des parts devait être réparée, sans qu'il y eût toutefois ouverture à rescision si cette inégalité n'atteignait pas la mesure légale de plus du quart. C'est plus équitable que juridique. Il est certain que l'égalité est l'âme des partages (art. 831), et cependant nous voyons l'art. 887 n'admettre l'attaque que sous une condition fort restrictive. Est-ce inconséquence? est-ce sagesse? Ce sera inconséquence pour le philosophe; ce sera sagesse pour l'homme qui connaît les réalités et les nécessités sociales : il se dira que l'à peu près doit seul être exigé dans les affaires humaines, et qu'il faut abandonner à la conscience individuelle ce que la loi civile ne peut régler.

Lorsqu'un ascendant a fait plusieurs partages successifs la lésion s'apprécie par la combinaison de tous les lots et sur la masse des biens; on ne peut isoler un des partages (Rouen, 1838, et Cass. 1841).

Le père doit respecter les promesses d'égalité qu'il a faites à quelques-uns de ses enfants, soit dans leur contrat de mariage, soit de toute autre manière (Limoges, 1832, et Riom, 1828).

Nous n'admettrons pas les principes posés par un arrêt de Riom du 25 avril 1818, et par un arrêt de la Cour de cassation du 24 juillet 1828. Ils se fondent sur le mot *attaqué* de l'art. 1079 pour n'accorder aux enfants lésés qu'une action en indemnité, et ils bornent la mission du juge au rétablissement de l'égalité. Nous croyons, au contraire, que le partage d'ascendants doit être annulé en cas de lésion, vu que l'art. 1079 vise évidemment l'art. 887.

L'enfant lésé a action quoiqu'il ait accepté sa part du vivant de son père, car il l'a fait ou par erreur ou dans la crainte d'irriter l'ascendant. En cas de partage testamentaire, l'action en rescision pour lésion se prescrit par trente ans à compter du décès du testateur : cependant si le demandeur s'était mis en possession de son lot avec connaissance de cause et sans protestation ni réserve, cette exécution du testament élèverait contre lui une fin de non-recevoir (Caen, 1843). Dans le cas de partage entre-vifs, l'action en rescision pour lésion limitée à dix ans par l'art. 1304, commence à courir du jour du décès de l'ascendant. La jurisprudence est fixée en ce sens : la chambre des requêtes (arr. de 1836) voulait qu'on comptât à dater du jour du partage; mais ce système a toujours échoué devant la chambre civile (Cass. 1849; Bordeaux, 1827; Caen, 1835; Nîmes, 1841). En effet, le Code ne veut pas que l'autorité paternelle soit prise corps à corps et accusée d'injustice. Il résulte de plus du rapprochement de l'art. 1078 avec l'art. 1079 que c'est au décès de l'ascendant que tous les procès doivent se vider. Enfin, un enfant a-t-il été prétérit, on lui impose silence durant la vie de son père : et on forcerait un descendant, en faveur de qui l'ascendant s'est dépouillé, à agir avant sa mort pour lui reprocher de ne pas s'être montré assez libéral !

Rescision pour avantage plus grand que la loi ne permet. — Supposons un père ayant deux enfants et une fortune de 120 fr. : il donne à l'un d'eux, Primus la quotité disponible, 40 fr., puis il fait un partage et donne à Primus 42 fr. et à Secundus 38 fr. ; Secundus n'a pas l'action en rescision pour lésion, car il a dans le partage plus des trois quarts de la part à laquelle il a droit ; il aura pour recours l'action dont parle l'art. 1079 in fine. Dans cette hypothèse le partage seul est attaquable, la disposition par préciput subsiste, elle n'a rien d'illégal. Mais si nous avions à la fois un don par préciput dépassant la quotité disponible et un partage donnant à l'enfant avantagé plus que sa part virile dans les biens partagés : alors le don par préciput sera réduit en vertu des art. 920 et suiv., et cette action en réduction se prescrira par trente ans ; quant au partage il sera anéanti en vertu de l'art. 1079 in fine, et l'action se prescrira par dix ans s'il s'agit d'un partage entre-vifs (art. 1304) et par trente ans s'il s'agit d'un partage testamentaire. Dans les deux cas, la prescription se compte à dater du décès de l'ascendant. Enfin, lorsque le don en préciput dépasse la quotité disponible et que dans le partage l'enfant avantagé n'a pas plus que sa part virile dans les biens partagés, le partage est valable, l'art. 1079 in fine est inapplicable à cette hypothèse. Quant à la disposition par préciput, elle est réduite, et l'excédant du disponible retombe dans la succession *ab intestat.*

Dans l'art. 1079 in fine, la loi se montre défiante envers l'ascendant. Supposons que l'ascendant ait donné sa quotité disponible à l'un de ses enfants, puis il meurt sans partager le reste de ses biens : ils sont partagés en justice et l'enfant avantagé reçoit plus que sa part virile dans les biens partagés : les autres enfants ne peuvent se plaindre ; l'ascendant a donc ici moins de pouvoir que les tribunaux. Cette action de l'art. 1079 in fine est spéciale à notre matière. Nous dirons de plus que c'est une innovation du Code Napoléon. Examinons comment elle a été introduite. Lorsque les tribunaux furent consultés sur la rédaction de notre chapitre, la plupart des tribunaux d'appel (Angers, Lyon, Rouen, etc.) se prononcèrent contre le cumul de la quotité disponible et des avantages produits par le partage, que demandait le tribunal d'Aix. Quant à la discussion devant le conseil d'État, elle porta sur les deux systèmes, celui du projet primitif qui autorisait ce cumul, et celui du tribunal de cassation qui interdisait à l'ascendant de faire à la fois un partage anticipé et des dons par préciput. Ce n'est que dans le texte communiqué au tribunat que l'on voit apparaître la rédaction de l'art. 1079 in fine, comme moyen terme entre ces deux opinions extrêmes.

Il résulte des termes mêmes de l'art. 1079 in fine, que l'action pour avantage prohibé est une action en nullité du partage et non une action en réduction.

Dans les deux actions de l'art. 1079 il faut une estimation des objets partagés, mais à quelle époque faut-il se reporter pour faire cette estimation ? Il n'y a pas de difficulté lorsqu'il s'agit d'un partage testamentaire ou d'un don par préciput (art. 922) ; dans le cas d'un partage entre-vifs, nous déciderons que les immeubles seront estimés d'après leur valeur à l'ouverture de la succession, et les meubles d'après leur valeur au moment du partage (art. 868). Nous adoptons la décision donnée pour le cas de rapport parce qu'elle règle les droits respectifs des cohéritiers ; d'ailleurs, les dispositions de l'ascendant n'acquièrent la nature d'un partage qu'au moment de sa mort, et par un effet de la saisine (art. 2109).

Le partage d'ascendants entre-vifs renferme une dispense de rapport, mais pour le cas seulement où il constituera un partage : s'il est nul ou rescindé en tant que partage, l'obligation du rapport reparaît et les art. 858 et suiv. s'appliquent.

Le défendeur à l'action pour lésion peut certainement l'arrêter en comblant le déficit (art. 891 et Cassat. 1828). Mais dans le cas où le partage est attaqué en raison des art. 832, 826 ou 827, ou pour avantage illicite, il y a controverse. Nous croyons que l'art. 891 peut être invoqué (Riom, 1818 ; Cassat. 1834 et 1852). Selon M. Genty, l'art. 891 est une exception aux règles ordinaires qui exigent l'égalité entre les héritiers, et il ne faut pas l'étendre, sinon le défendeur qui a des immeubles fournirait, par exemple, de l'argent, et les règles du partage seraient violées. Nous répondrons avec un arrêt de Toulouse (arr. de 1833) que si les offres ne sont pas suffisantes le tribunal annulera le partage. Mais nous pensons que la prétérition rendant le partage d'ascendants nul, et non pas seulement annulable, la Cour d'Angers a jugé à tort (16 juillet 1847) que l'art. 891 pouvait être invoqué dans ce cas.

Quand la nullité d'un partage a été reconnue, l'indivision est rétablie en cas de partage testamentaire, ou s'il s'agit d'un partage entre-vifs les apportionnements ne sont plus considérés que comme des avancements d'hoirie rapportables. Relativement à la restitution des fruits, elle n'est pas exigible à partir de l'ouverture de la succession (art. 865), mais seulement à dater de la demande (art. 549 et 1682) : c'est qu'en effet un acte rescindable a existé jusqu'à sa rescision, et d'ailleurs cette décision ne trouble guère l'égalité entre les copartagés.

L'art. 1080 contient deux dispositions : la première, c'est que lorsqu'un enfant intente l'action pour lésion ou l'action pour avantage prohibé, il doit faire l'avance des frais de l'estimation : par là la loi veut garantir aux autres descendants, pour le cas où la contestation serait mal fondée, le payement facile et immédiat de ces frais. Selon nous, c'est une exception qu'il ne faut pas étendre aux cas qui n'ont pas été formellement prévus par la loi : et nous déciderons, par exemple, avec la Cour d'Orléans (arr. inédit du 15 janv. 1853, V. M. Troplong), qu'un descendant qui se plaint de ce que son consentement a été surpris par dol ou violence ne saurait être forcé de faire les avances des frais de la procédure. Ajoutons que la cour de Riom a jugé, le 10 mai 1851, que les frais d'estimation ne doivent pas nécessairement être consignés, et qu'il suffit, comme la pratique en a l'habitude, de les déposer au greffe. Quant à la seconde disposition de l'art. 1080, bien loin d'être une exception au droit commun, elle y ramène : elle déroge, en effet, à l'art. 131 du Code de procédure, qui accorde comme une faveur exceptionnelle la compensation des dépens entre certains parents privilégiés. Concluons-en que si un enfant a succombé dans une action en rescision, soit pour composition vicieuse des lots, soit pour violation de l'art. 827, soit pour prétérition, les juges n'auront pas le pouvoir d'opérer une compensation des frais.

POSITIONS.

I. DROIT ROMAIN.

I. Du temps des jurisconsultes, l'adjudication ne transférait le *dominium ex jure Quiritium* que dans les *judicia legitima.*

II. Notre fr. 44, § 8, n'est pas en désaccord avec le fr. 72 pp., *De verb. oblig.*

III. Les possesseurs de biens n'ont pas une action *familiæ erciscundæ* directe.

IV. La décision de notre fr. 25, § 8, est parfaitement conforme aux principes.

V. Le fr. 27 ne s'occupe que des prestations.

VI. Dans le fr. 37 il faut retrancher le mot *non.*

VII. Notre action est accordée lorsqu'un cohéritier n'a pu exécuter une affaire seulement pour sa part, et l'action *negotiorum gestorum* est accordée dans le cas inverse.

VIII. Notre action est appelée mixte parce que, bien qu'une question d'obligation soit soulevée, cependant de l'adjudication il résulte un effet analogue à celui produit dans les actions réelles par le *jussus.*

IX. Le mariage n'existe pas par le seul consentement, il faut de plus que la femme soit à la disposition du mari.

X. Du temps des jurisconsultes, du moment que les fruits ont été séparés du sol, le possesseur de bonne foi en est propriétaire.

XI. Il y avait un cas dans lequel la tradition appliquée à une chose *mancipi* transférait de suite la propriété *ex jure Quiritium*.

XII. Quand une servitude est établie *pactis et stipulationibus*, un droit réel n'est pas constitué.

XIII. L'*infantia* va jusqu'à sept ans.

XIV. Pour qu'il y ait obligation *litteris* il n'est pas nécessaire que le débiteur ait mis sur son registre *acceptum*.

XV. Il y avait servitude *stillicidii non recipiendi* lorsque, la servitude *stillicidii recipiendi* existant, on tombait d'accord qu'elle n'existerait plus en partie.

XVI. Un créancier a consenti à une *datio in solutum*, puis il est évincé : il n'aura pas le choix entre son action primitive et une action *utilis ex empto*.

XVII. Les actions *præscriptis verbis*, autres que les deux citées aux Institutes, sont de bonne foi.

II. DROIT FRANÇAIS.

I. La représentation a lieu dans les partages d'ascendants.

II. Un partage testamentaire peut être rescindé si les lots ne sont pas composés, autant que possible, d'objets de même nature.

III. Lorsque l'ascendant a fait un partage entre-vifs, l'action pour avantage prohibé, l'action pour composition vicieuse des lots et l'action pour lésion ne peuvent être intentées qu'après son décès.

IV. Dans le cas de partage entre-vifs, le père peut imposer à ses enfants l'obligation de ne pas vendre ses biens pendant sa vie sans son consentement, et, dans le cas de partage testamentaire, il peut décider que l'un des enfants, Primus, ne pourra aliéner l'immeuble compris dans son lot sans en avoir préalablement offert l'échange aux autres.

V. Le partage d'ascendant qui comprend tous les enfants légitimes n'est pas nul pour omission d'un enfant naturel.

VI. Les biens compris dans un partage entre-vifs doivent être réunis fictivement aux biens existants lors du décès, pour le calcul de la réserve des enfants.

VII. Les biens donnés sans dispense de rapport peuvent être compris dans un partage d'ascendants même testamentaire.

VIII. Un père tuteur peut ici représenter son enfant mineur sans l'autorisation du conseil de famille.

IX. Un ascendant, en faisant un partage testamentaire, peut imposer à ses enfants de rester dans l'indivision pendant un certain temps.

X. Est nulle la donation portant partage d'ascendants acceptée par un enfant par acte séparé, si l'acte d'acceptation n'a pas été notifié à l'ascendant de son vivant.

XI. Si un homme a déclaré faire un partage entre ses collatéraux, cet acte ne sera pas soumis aux art. 1075 et suiv.

XII. Lorsqu'un partage d'ascendant concourt avec un préciput en faveur de l'un des enfants, si l'excédant du lot de ce dernier provient du préciput, on a contre cet enfant une action en réduction ; s'il provient de la part de la réserve qui lui a été attribuée, on a une action en rescision qui fait tomber le partage.

XIII. Si l'ascendant compose un des lots de telle manière que sa valeur excède la quotité disponible et une part d'enfant, et qu'il attribue ce lot sans clause de préciput à un de ses enfants, les autres ne peuvent pas se plaindre s'ils n'éprouvent pas une lésion de plus du quart.

XIV. Dans un partage d'ascendant, la clause portant que les biens sont donnés aux enfants à titre de préciput n'emporte pas nécessairement l'idée d'une attribution de toute la quotité disponible.

XV. Un père et une mère, en partageant leurs biens entre-vifs, se réservent à tous deux l'usufruit des biens compris dans le partage ou au survivant : nous avons ici : 1° une donation aux enfants irrévocable ; 2° une donation des époux entre eux, révocable et réductible en cas d'excès (art. 1094).

XVI. L'art. 466 est inapplicable ici.

XVII. Dans le cas de partage entre-vifs, la détermination de la réserve et de la quotité disponible se fait d'après le nombre d'enfants existants, non pas au moment du partage, mais au moment du décès de l'ascendant.

XVIII. Les enfants qui ont accepté le partage entre-vifs, de leur père et de leur mère, qui leur attribue tous les droits de leurs parents, y compris nommément les droits appartenant à la mère contre son mari à raison de l'aliénation de ses propres, ne sont pas recevables à intenter, du chef de leur mère, l'action en revendication des propres maternels contre les tiers détenteurs.

XIX. Nous croyons à l'identité des objets du droit positif, du droit naturel et de la morale, dans leurs caractères essentiels.

XX. Le droit est légitime.

XXI. Le droit ne se distingue pas du devoir (sens subjectif).

XXII. Le devoir est la direction de la liberté par l'intelligence vers le but assigné par Dieu ; il ne doit pas être confondu avec l'ordre arbitraire créé par la force ou par la convention, et il ne peut être présenté comme la volonté arbitraire de Dieu.

XXIII. Le subrogé est investi de la créance primitive elle-même.

XXIV. Le délai de dix ans prévu par l'art. 1304 est une véritable prescription.

XXV. Parmi les actes émanés d'un mineur, distinguons : si l'acte était entouré de formalités particulières par la loi, dans le cas de leur absence le mineur n'a pas besoin pour le faire tomber de prouver qu'il a été lésé; dans le cas contraire, l'acte est rescindable pour cause de lésion. Les actes faits par le tuteur dans la limite de ses pouvoirs sont inattaquables.

XXVI. Pour justifier l'art. 1294 in fine, nous dirons que celui qui a plusieurs codébiteurs solidaires doit être traité comme si chacun était son débiteur unique ; mais nous n'admettrons pas l'explication de Pothier.

XXVII. Les créanciers ont toujours à prouver la

fraude pour faire annuler un acte de leur débiteur, excepté lorsqu'il s'agit d'un acte qu'il a fait par une sorte de délicatesse.

XXVIII. Relativement aux meubles, la propriété est transférée par le simple accord de volontés des parties, sauf le cas de créance et le cas de genre.

III. PROCÉDURE CIVILE.

I. Le tiers saisi a le droit de payer au saisi tout ce qui dépasse les causes de la saisie et des oppositions.

II. Le juge peut accorder un terme de grâce quand il y a un titre exécutoire, sauf le cas de jugement prévu par l'art. 122 du Code de proc.

IV. HISTOIRE DU DROIT.

I. Nous ne croyons pas aux origines celtiques du droit français; et d'ailleurs la thèse des origines celtiques a un défaut, l'inutilité.

II. Le livre connu sous le nom d'*Établissements de Saint-Louis* n'est qu'un coutumier rédigé au XIIIe siècle par un praticien de l'Orléanais ou de l'Anjou.

III. La noblesse ne tire son origine que de la féodalité, mais son principe existait déjà dans les usages germains que nous décrit Tacite.

V. DROIT DES GENS.

I. Les étrangers jouissent en France des mêmes droits civils que les Français ; mais par exception certains droits civils sont exclusivement attribués aux Français, et ne peuvent appartenir aux étrangers que lorsque la concession leur en a été accordée par un traité intervenu entre notre gouvernement et le leur conformément à l'art. 11.

II. Les meubles des étrangers doivent être régis par la loi française.

VI. DROIT CRIMINEL.

I. Le duel est resté en dehors des dispositions de la loi pénale.

II. Faire dans un passe-port une fausse déclaration sur son âge, ce n'est pas commettre le délit prévu par l'art. 153 ou l'art. 154 du Code pén.; et l'individu qui s'en est rendu le complice n'a encouru aucune peine.

Vu par le Président de la thèse,
OUDOT.

Vu par le Doyen de la Faculté
PELLAT.

Permis d'imprimer,

Le Vice-Recteur,
ARTAUD.

Paris. — Imprimé par E. Thunot et Ce, 26, rue Racine.

www.ingramcontent.com/pod-product-compliance
Ingram Content Group UK Ltd.
Pitfield, Milton Keynes, MK11 3LW, UK
UKHW020334230726
13925UKWH00002B/790

9 782014 040852